Une vie de chien

Ann M. Martin

Une vie de chien

Autobiographie d'un chien errant

Traduit de l'anglais (États-Unis)
par Émilie Rofas

ÉDITIONS
FRANCE
LOISIRS

Titre original : *A Dog's Life, Autobiography of a Stray*
publié par Scholastic Press, an imprint of Scholastic Inc.

Éditions France Loisirs,
123, boulevard de Grenelle, Paris
www.franceloisirs.com

ISBN : 978-2-298-00006-1

Je dédie ce livre à mon neveu,
Henry McGrath,
le meilleur ami d'un chien.

Remerciements

Il y a de cela quelques années, j'ai commencé à travailler au sein d'une association locale de sauvetage des animaux. Grâce à elle, j'ai rencontré des gens formidables, et je voudrais ici rendre hommage au dévouement dont ils font preuve au quotidien. Parmi elles, je souhaiterais remercier en particulier : Susan Roth, Helen Mendoza, Linda Takacs, et tous les membres de AWAN (Animal Welfare Association Network) ; le docteur Orman « Skip » Leighton et le personnel dévoué de l'hôpital vétérinaire de South Peak ; enfin, Ann Gregory et toutes ces personnes qui accueillent si généreusement chez elles les animaux en attente d'être placés. J'en oublie bien d'autres encore – des vétérinaires, des familles d'accueil, des groupes de sauvetage, ainsi que PETsMART qui consacre gracieusement dans chacun de ses magasins un espace exclusivement réservé à l'adoption. Que tous soient ici remerciés.

Mes remerciements aussi à Robin Murphy, vice-présidente de la Companion

Animal Placement de Hoboken dans le New Jersey, pour son aimable appréciation du manuscrit.

Je voudrais également mentionner Jean et Hal Anderson, les meilleurs voisins dont on puisse rêver et qui, pendant dix-huit ans, ont donné à Tico, l'âne de sauvetage, le meilleur foyer qui soit.

Enfin, je voudrais adresser tous mes remerciements à Laura Ruth Godwin et Sadie Lynn Pupmore pour m'avoir appris à aimer les animaux, et en particulier les chiens.

Partie I

La nuit

Le feu craque dans la cheminée. J'ai les pattes toutes chaudes, et aussi la queue, la truffe et les oreilles. Je suis couchée près de la cheminée dans le panier écossais que Susan m'a acheté et, dans cette chaleur qui m'enveloppe, je me remémore d'autres nuits – les nuits dans les bois sous un manteau d'étoiles, les nuits avec Moon, les nuits dans la remise quand j'étais un jeune chiot. Et aussi toutes ces nuits, ces nombreuses nuits à chercher Bone. Le feu crépite et je me lève péniblement ; je fais deux tours sur moi-même, puis un troisième, et me réinstalle sur mon coussin. Susan me regarde affectueusement depuis son fauteuil.

C'est important, la chaleur, pour un vieux chien. En tout cas, ça l'est pour moi. Bien sûr, je ne peux pas parler pour tous les chiens, puisque nous sommes tous différents ; et surtout, nous ne vivons pas tous les mêmes expériences. J'ai connu des chiens qui profitaient de délicieux repas et vivaient dans le confort ; ils dormaient sur des coussins moelleux et on leur servait des hamburgers, du poulet et même du steak. J'en ai connus qui regardaient avec envie des foyers douillets où ils n'étaient pas invités et qui restaient quelques jours à l'abri d'un garage, d'une remise ou d'une brouette avant de poursuivre leur chemin. J'ai connu des chiens que des mains humaines traitaient avec cruauté tandis que d'autres ne connaissaient que de douces caresses, et des chiens qui mouraient de faim tandis que d'autres s'empâtaient à force de gâteries.

J'ai connu tous ces chiens. J'ai été tous ces chiens.

La maison à la campagne

Par temps d'hiver, Lindenfield était un endroit triste et froid ; des semaines durant, la nuit comme le jour, je pouvais voir de la vapeur sortir de ma gueule, et même quand l'hiver se retirait au début du printemps, les jardins entretenus l'été par les humains restaient nus et silencieux. Les lacs et les mares étaient ternes, et parfaitement immobiles ; il n'y avait ni coassements, ni tortues prenant le soleil, ni poissons luisants se faufilant dans la végétation aquatique. A la belle saison, en revanche, tout changeait. L'air se remplissait du bourdonnement des insectes et les mares, bien que paisibles, ne connaissaient plus que rarement le silence. Dans les fonds boueux, sur les rives, dans la mousse, dans les herbes et au creux des troncs d'arbre s'agitait en secret toute une communauté animale.

La parcelle de terre sur laquelle se dressait au milieu des jardins et des allées la grande maison des Merrion se divisait pour nous, les animaux, en différents territoires. A l'époque de ma vie là-bas, quand j'étais un jeune chiot, il y avait le territoire du mur de pierre, celui de la remise, celui du jardin, celui de la forêt, celui de la mare et celui des hauteurs. Il y avait même le territoire inconnu de l'intérieur de la maison. Tous formaient un monde animal dont la maison des Merrion était le centre : plus l'on s'en éloignait, plus on trouvait d'animaux, et plus leur existence se faisait bruyante et manifeste.

L'époque dont je parle n'est pas très éloignée, et pourtant j'ai l'impression que c'était il y a une vie entière. Je ne suis plus retournée chez les Merrion depuis le jour où j'ai quitté leur propriété pour suivre mon frère, et malgré toutes mes errances, je n'en ai jamais retrouvé le chemin. Bien sûr, c'était Bone que je recherchais, pas les Merrion.

En réalité, je ne peux pas dire grand-chose sur les Merrion car je n'étais qu'un jeune chiot lorsque je vivais sur leur propriété, et je me concentrais à l'époque sur ce que m'apprenait Maman. Toutefois, il était difficile d'ignorer leur existence, alors voici ce que je sais.

Leur grande maison – cette maison qui était le centre de notre monde – n'était pas le centre de leur monde à eux. Le printemps où Bone et moi sommes nés – dans la vieille remise avec les cages à poules vides au fond – les Merrion n'habitaient leur maison que sporadiquement. Ils n'étaient pas comme la plupart des animaux que je connaissais qui regagnaient nid, terrier ou abri chaque soir – ou chaque jour, comme les chouettes. Les Merrion arrivaient toujours le soir ; ils restaient quelques jours puis remontaient dans leur voiture et redescendaient l'allée, avant de s'engager sur la grand-route. Maman observait toujours la voiture jusqu'à ce qu'elle ait disparu. Il se passait ensuite plusieurs jours et plusieurs nuits avant que la voiture ne réapparaisse.

Les Merrion étaient au nombre de cinq. Je sais à présent que les enfants humains ne naissent pas par portée, comme nous, mais plutôt un ou deux à la fois, comme les cerfs. Les deux parents Merrion avaient donné naissance à trois petits Merrion. L'aîné était un garçon, le suivant aussi, et puis il y avait une petite fille, la plus bruyante des trois. Avec le temps, j'avais fini par apprendre leurs noms, mais un seul des enfants m'importait : Matthias, le cadet des garçons, le plus doux des trois. Mais j'avais déjà plusieurs mois au moment de notre rencontre.

Les Merrion étaient des gens ordonnés, pas de doute là-dessus. Tout ce qui relevait de la maison ou de la propriété était toujours en ordre : les volets étaient bien droits et souvent repeints ; aucun jouet ne traînait dans le jardin ; les allées et les terrasses étaient couramment balayées, et les jardiniers venaient régulièrement tailler les parterres de fleurs et les haies, tondre la pelouse et accrocher des pots de fleurs aux vérandas.

Les Merrion ne possédaient aucun animal de compagnie. « A cause des microbes », nous avait dit une fois Maman qui avait surpris une conversation entre un jardinier et Mrs Merrion. « Et des poils », avait ajouté cette dernière.

Quand Maman avait dit cela, j'avais tout de suite pensé aux animaux du territoire de l'intérieur de la maison. Celui-ci comptait non seulement de nombreux insectes, mais aussi une grande famille de souris, deux écureuils (dans les murs du grenier), un opossum qui entrait et sortait de la buanderie grâce à un trou caché dans le mur, et enfin – dans la cave – plusieurs serpents, deux crapauds et quelques lézards. Il y avait en fait plein de microbes et de poils dans la maison des Merrion, et cela m'amusa beaucoup. Mais je m'étais aussitôt souvenu de la fois où j'avais entendu des hurlements et un grand fracas à l'intérieur de la maison ; Mr Merrion était sorti en courant avec un sac contenant une chauve-souris morte et ensanglantée qu'il avait jetée dans une poubelle. Autant dire que cette histoire de microbes m'avait tout de suite moins amusée.

Toutes les bêtes de la propriété connaissaient les sentiments des Merrion à l'égard des animaux, et chacun choisissait son lieu de vie en connaissance de cause. Maman avait ses raisons d'avoir choisi la remise, mais il existait d'autres cabanes et d'autres petites constructions sur la propriété, chacune avec sa population propre, chacune différente des autres, chacune à la fois connectée et séparée des Merrion.

Voici à présent ce que je sais des Merrion à l'époque de notre naissance. Même si les journées étaient douces – le printemps avait été précoce cette année-là – les humains continuaient de venir à leur maison pour de courtes périodes. Il faut savoir qu'un animal avait de quoi vivre confortablement sur une propriété comme la leur : elle était uniquement entourée de bois, de champs et de collines ondulantes, et la maison la plus proche se trouvait à une bonne heure de course – pour un chien adulte, j'entends. Toutes les communautés animales y prospéraient : faucons, renards, poissons, cerfs, chouettes, chats sauvages, grenouilles, araignées, papillons de nuit, opossums, mouffettes, serpents, marmottes, écureuils, oiseaux, insectes et créatures de toutes sortes.

Exception faite de nous trois, les habitants de notre remise étaient principalement des chats et des souris. Il y avait bien des insectes, mais ils étaient plus difficiles à connaître à cause de leurs allées et venues incessantes, et aussi de leur taille minuscule.

La remise était idéale pour des chiots, Maman avait très bien choisi. C'était une petite construction en bois conçue au départ pour abriter un poulailler – les cages étaient alignées le long du mur du fond – dont la porte bâillait en permanence et où il manquait une fenêtre. Ceci aurait pu rendre la remise trop froide pour des chiots ou des chatons si les Merrion, lorsqu'ils avaient acheté la maison, n'avaient pas décidé de la transformer en une cabane de jeux pour leurs enfants. Mr Merrion était allé jusqu'à isoler deux des murs avant de décréter qu'un poulailler était insalubre et qu'il était préférable d'en faire une remise. Les Merrion avaient alors construit une cabane toute neuve pour leurs enfants ainsi qu'une remise plus grande, toutes les deux plus solides que l'ancienne, avant de cesser rapidement de l'utiliser – sauf pour y ranger le matériel que les jardiniers n'utilisaient pas.

Maman – un chien errant qui n'avait jamais vécu avec des humains – trouva la remise peu de temps avant de nous mettre au monde. Après avoir parcouru les collines et les bois qui bordaient la propriété des Merrion à la recherche d'un endroit convenable où mettre bas, elle se mit finalement à surveiller la maison des Merrion depuis la lisière des bois, ainsi que les animaux qui vivaient sur la propriété. Elle ne remarqua aucun autre chien, mais il y avait en revanche une femelle renarde avec ses quatre nouveau-nés, et aussi des coyotes qu'elle entendait parfois hurler dans les collines, à l'aube. Ce que Maman recherchait, c'était un endroit sec et au chaud qui soit à l'abri des prédateurs, et invisible aux humains.

La remise lui sembla l'endroit parfait. Lorsqu'elle glissa le museau pour la première fois par la porte entrouverte, elle remarqua que la température à l'intérieur était encore plus douce que l'air printanier du dehors. Immobile, l'oreille aux aguets en attendant que ses yeux s'habituent à l'obscurité, elle n'entendit rien d'autre que les souris s'agitant dans la paille.

Les vieilles cages à poules se trouvaient à l'opposé de la porte et Maman, qui n'avait jamais rien vu de pareil, rampa jusqu'à elles pour les étudier. Après un temps d'observation à quelques mètres de distance, elle s'avança plus près encore et finit par glisser le museau dans l'une des cavités.

Psss ! Psss ! Quelque chose bondit alors hors de la cage en sifflant et en crachant, avant d'y replonger aussitôt. C'était une chatte aux poils jaunes qui protégeait sa portée de nouveau-nés. Maman recula et se mit à observer les cages d'un peu plus loin. Elle distinguait à présent des petits yeux à l'intérieur de plusieurs des cavités – d'autres chats sans doute – mais décida de les laisser tranquilles ; elle était trop grande pour tenir dans une cage de toute façon. Derrière elle, le long des murs et près de la porte, se trouvaient quelques vieux outils de jardin, des pots en terre, quelques bottes de paille et une brouette remplie de sacs en toile et de paille. Les souris avaient percé des trous dans les sacs, mais la toile semblait tout de même chaude et confortable. En levant la tête, elle vit dans les poutres plusieurs nids abandonnés d'hirondelles et de frelons.

A nouveau, Maman regarda toutes ces paires d'yeux qui la fixaient de l'intérieur des cages. C'est alors qu'elle entendit un petit bruit derrière elle. Elle tourna la tête vers la porte juste à temps pour voir un gros chat gris s'y faufiler. Ce dernier la dévisagea avant de lui passer devant en hâte et de disparaître dans une cage. Maman poussa un petit aboiement, auquel le chat répondit par un léger grognement, et ce fut tout.

Cet après-midi là, elle resta patiemment assise près de la porte à regarder les allées et venues des chats qui, à condition qu'elle ne bouge pas trop, gardaient leur distance ; elle observa aussi les souris qui, elles, gardaient leur distance avec les chats. A la tombée de la nuit, elle rampa vers la botte de paille la plus éloignée possible des chats et, dos aux cages à poules, s'y pelotonna et s'endormit. Elle était en sécurité et au chaud, et elle passa une nuit paisible.

Le matin venu, Maman sut qu'elle était prête à avoir ses petits.

Dans la brouette

Bone et moi sommes nés dans la brouette de la remise. Maman (elle s'appelait Stream, mais pour Bone et moi elle était simplement Maman) avait grimpé dans la brouette tôt ce matin-là, ayant décidé qu'elle constituait la litière idéale pour ses bébés.

Elle mit au monde cinq petits chiots, dont Bone et moi sommes les seuls survivants : deux étaient mort-nés et le troisième, trop petit et les pattes mal formées, vécut moins d'une heure – Maman le poussa hors de la brouette et se mit à l'ignorer ; le petit poussa plusieurs gémissements, puis ce fut le silence.

Bone et moi étions robustes. On se blottissait contre Maman pour se nourrir, on remuait, on gigotait, on dormait recroquevillés sur nous-mêmes, on creusait la paille, on se nourrissait à nouveau, si bien qu'après la première nuit, lorsqu'elle constata que mon frère et moi étions toujours pleins de vie et avions bon appétit, Maman nous donna enfin nos noms. Comme toutes les mères chiens, elle choisit des noms de choses qui lui étaient familières : je fus donc baptisée Squirrel, et mon frère Bone*.

Mes premiers souvenirs sont faits de chaleur, de plénitude et de satiété. Les premiers jours de mon existence, ni mes yeux ni mes oreilles n'étaient ouverts ; Bone et moi ne faisions que dormir, nous réveillant uniquement pour manger. Mais que nous soyons éveillés ou endormis, nous restions éternellement blottis dans notre brouette, l'un contre l'autre ou contre Maman, et je sentais leurs battements de cœur contre moi.

Durant cette période, Maman quittait la brouette le moins souvent possible, mais quand elle n'avait pas d'autre choix, elle se levait, un peu chancelante, nous recouvrait de paille, puis passait par-dessus le bord de la brouette. Elle quittait alors la remise pour aller faire ses besoins et chercher à

*Squirrel = écureuil ; bone = os (NdT)

manger, puis se dépêchait de revenir – et Bone et moi nous précipitions à nouveau contre elle.

Quand la lune passa d'un disque plein à une moitié de disque, nos yeux et nos oreilles s'ouvrirent enfin. Le monde autour de moi se fit plus net. La tête et les jambes flageolantes, je me dressai dans la brouette et parcourus la remise du regard. Il faisait sombre mais je pouvais distinguer les cages à poules, et un moment après les paires d'yeux qui nous guettaient depuis l'intérieur.

Les chats allaient et venaient du matin au soir. Quand j'étais réveillée, je suivais leurs déplacements dans la remise, les observant entrer et sortir en s'éclipsant par la porte entrouverte, ramenant parfois dans leurs gueules tantôt des petits rongeurs tantôt des oiseaux. Je les regardais rapporter leur nourriture vers les cages : minces, sveltes et presque toujours affamés, ils marquaient toujours une pause devant et jetaient un œil alentour avant de plonger dans un des trous – ce qu'ils faisaient aussi avant d'en sortir. Ces inspections incluaient toujours Maman ; les chats de la remise n'étaient pas nos amis, même si je pense que nous nous faisions mutuellement confiance, aussi farouches étions-nous tous.

Un jour, la chatte à poils jaunes qui avait craché sur Maman le premier jour laissa ses petits et s'absenta longuement. Quand arriva l'après-midi, ses chatons miaulaient si fort que Maman sauta hors de la brouette et avança le museau dans leur cage. C'est alors que j'entendis toutes sortes de sifflements et de crachements provenant des cages des chats adultes. Ignorant ces derniers, Maman ressortit la tête de la cage avec un chaton dans la gueule et le déposa par terre. Elle en sortit encore deux autres puis s'allongea à côté d'eux sur le sol et leva une de ses pattes arrière. Avides de lait, les chatons se pressèrent vite contre elle, comme Bone et moi avions l'habitude de faire.

C'est alors que derrière nous se fit entendre le bruit de la porte qui s'ouvrait : la chatte à poils jaunes se tenait dans l'embrasure, les yeux fixés sur Maman. Cela dura un moment, puis soudain la chatte se rua sur elle. Maman bondit aussitôt sur ses pattes, renversant les chatons au passage, et grimpa à toute vitesse dans la brouette tandis que la chatte récupérait ses petits.

Notre remise ne s'affairait pas que le jour, mais la nuit aussi. Maman, Bone et moi avions tendance à dormir la nuit, pas les chats. Et encore moins les souris. Très actives et bruyantes, on les entendait sans cesse ronger et courir ; pas un seul recoin de la remise ne leur était inaccessible. Elles couraient le long des murs, des poteaux et des poutres, entraient et sortaient de petits trous invisibles à l'œil nu, surgissaient d'endroits improbables comme de sous les pots de fleurs ou de l'intérieur des poutres. En général, elles couraient plus vite que les chats et parvenaient à leur échapper, mais il arrivait qu'un chat se montre plus malin ou plus patient et que, dans un couinement et un éclair de griffes, la souris devienne repas.

Pendant longtemps le chiot que j'étais se sentit en sécurité dans la remise. Maman y était l'animal le plus gros, et ni les chats ni les souris ne l'effrayaient. Pourtant, mes yeux et mes oreilles n'étaient ouverts que depuis quelques jours lorsque je compris qu'il y avait tout de même quelque chose que Maman craignait.

La renarde et ses quatre renardeaux vivaient sous la nouvelle remise construite par les Merrion. J'ignore où était son compagnon, jamais je ne le vis. D'ailleurs, je ne vis jamais non plus la renarde et ses petits de mes propres yeux jusqu'à ce que je sois suffisamment grande et forte pour quitter la brouette et sortir de la remise.

Maman, elle, la surveillait constamment, et finit même par apprendre son nom. Il n'était pas dans ses habitudes de s'inquiéter des noms des autres bêtes de la propriété, mais la renarde était différente : Maman savait le danger qu'elle représentait.

Elle s'appelait Mine, et je pense qu'elle s'était elle-même donné ce nom. Mine ne s'intéressait pas à Maman et ignorait même qu'elle avait des petits, aussi Bone et moi étions-nous en sécurité. Pourtant, cela n'empêchait pas Maman de la craindre. Mon frère et moi risquions souvent un œil par-dessus la brouette pour voir Maman postée près de la porte : elle restait assise, les sourcils froncés, le regard braqué sur le champ par-delà le jardin des Merrion, dans lequel je devinais la présence de Mine à sa seule posture, raide et sévère. Si un écureuil venait à passer, elle se mettait à trembler et agitait la queue, elle pouvait même bondir sur ses pattes et le prendre en chasse. Mais quand Mine était dehors, Maman regardait sans broncher, à l'exception d'un léger mouvement de tête lorsqu'elle l'observait se déplacer du jardin vers les bois, ou de la cabane de jeux vers la terrasse de la véranda.

Voilà pourquoi Maman avait peur de Mine : parce qu'elle était désinvolte. Jamais elle ne prenait soin de se cacher des

Merrion et elle traversait leur jardin à toute heure, se moquant bien d'être vue ou non. Elle n'apprenait pas à ses petits à se méfier d'eux, n'essayait pas non plus de dissimuler ses proies : elle était imprudente, intrépide, effrontée. Pour Maman, elle nous mettait tous en danger.

Jeune chiot, cantonnée à ma litière, je n'avais pas conscience de tout cela, et ma connaissance de la vie se limitait alors à notre douce brouette où chaque jour se suivait et se ressemblait. Nous dormions tous les trois imbriqués en une confusion de poils, de pattes, de queues et de museaux, et Bone et moi tétions notre lait, c'est tout. Lorsque Maman quittait la remise, ce qui arrivait de plus en plus souvent à mesure que nous grandissions, je jetais un œil par-dessus la brouette pour voir les chats et les souris : les unes qui couraient se cacher et qu'on entendait ronger et couiner, et les autres qui allaient et venaient et qu'on entendait miauler et ronronner. De temps à autre, un chat adulte ou bien un jeune chaton s'aventurait dehors et ne réapparaissait plus jamais. Je sais aujourd'hui ce qu'il en était vraiment : les souris se nourrissaient de blé et de graines, les chats de souris, et les chouettes et les aigles de chats. C'était le cycle de la vie.

Mais à cette époque-là, c'était le cadet de mes soucis : Maman était là, qui me nourrissait et me protégeait, et la brouette était le havre depuis lequel j'observais mon univers.

Maman

Un jour, quand la lune eut changé plusieurs fois de forme et que Bone et moi étions encore plus grands et forts et mieux assurés sur nos pattes – l'air qui entrait par la fenêtre de la remise ce jour-là était doux et rempli de parfums agréables qui me chatouillaient les narines – Maman nous fit basculer par-dessus la brouette ; mon frère en premier car c'était un garçon, puis moi. Bone atterrit sur une pile de sacs en toile, et moi sur lui. Je levai la tête vers Maman, vers notre havre dans la brouette, et laissai échapper un petit gémissement, mais Bone au contraire bondit par terre et, apercevant un chat, essaya de lui sauter dessus. La chatte cracha, fit le dos rond et se précipita derrière un gros tuyau enroulé sur lui-même. Bone se lança tant bien que mal à sa poursuite mais il flaira tout à coup une odeur de souris près d'un pot de fleur, et en oublia totalement l'animal. La queue bien dressée, il se mit alors à explorer la remise et je le suivis, Maman sur nos talons.

Très rapidement, Maman nous autorisa à sortir dehors, à condition que nous restions hors de portée de la maison. La porte de la remise donnait en effet sur le jardin à l'arrière de la maison, tandis que l'autre côté de la remise débouchait sur les champs et les bois. Maman nous avait appris à toujours contourner rapidement la remise dès que nous passions la porte.

Ce qu'il y avait derrière la remise était bien plus excitant que ce qui se trouvait dedans : c'était la nature ! La nature avec ses oiseaux, ses insectes, ses souris et ses taupes ; la nature avec ses fleurs, ses arbustes, ses buissons et ses arbres. Plus nous l'explorions, plus je prenais confiance – mais uniquement si Bone marchait devant moi. Si sa queue était bien dressée, alors ma queue l'était aussi, mais sans mon frère à l'horizon, je me sentais perdue.

Une fois que Maman nous eut poussés hors de notre îlot, les sacs en toile qui gisaient par terre devinrent notre nouvelle litière, car Bone et moi étions encore trop petits pour pouvoir remonter dans la brouette. Je crois que cela inquiétait Maman, qui trouvait que notre litière au sol était trop exposée, mais pour Bone et moi cela n'avait aucune importance : nous étions libres !

Un matin où l'air était lourd et sentait la pluie, mon frère et moi franchîmes la porte en chahutant, tournâmes au coin de la remise et commençâmes à nous chasser mutuellement à l'arrière de la cabane. On se sautait dessus, on jappait, on se faisait peur l'un l'autre ; on bondissait, on courait, on s'entraînait à aboyer. Bone venait de me plaquer au sol lorsque Maman apparut, se dirigeant vers nous à vive allure, saisit Bone par la peau du cou et le ramena à la remise.

Je suivis. Il se passait quelque chose.

Une fois dedans, Maman s'installa sur notre litière comme si de rien n'était, mais mon frère et moi, intrigués, épiions par la lézarde de la porte. C'est là que je perçus des voix humaines. Bone passa le museau dans la porte et je me réfugiai sous lui pour pouvoir voir aussi.

La voiture des Merrion était garée en haut de l'allée, toutes portières ouvertes. Ils en sortaient toutes sortes de boîtes et de cartons qu'ils emportaient ensuite dans la maison.

— On est arrivé ! On est arrivé ! cria la petite fille de sa voix perçante.

— Et on est là pour tout l'été ! ajouta l'un des garçons.

C'était la première fois en ce qui me concernait que je voyais les Merrion rentrer chez eux de jour.

Bone et moi les regardâmes un moment entrer et sortir de la maison avec leurs boîtes et leurs cartons, puis l'ennui nous gagna. Malheureusement, Maman refusait de nous laisser sortir tant qu'ils ne seraient pas tous hors de vue : nous étions coincés.

Quand je me réveillai le lendemain matin, je constatai que les Merrion étaient toujours là. Ce fut le cas le jour suivant et celui d'après et encore celui d'après et tous les autres jours où je vécus sur leur propriété. Nos jeux de chiots se firent plus calmes – plus de jappements ni d'aboiements – mais nous ne nous ennuyions pas pour autant car Maman faisait notre apprentissage dans les bois ; elle nous montrait comment chasser les petits animaux, marquer notre territoire, nous battre et nous défendre. Un matin, elle nous abandonna en train de jouer près du mur en pierre et s'éloigna comme si elle avait une destination bien précise en tête. A son retour, elle tenait dans sa gueule quelque chose qui sentait délicieusement bon mais qu'elle refusa de partager avec nous. Au lieu de ça, elle nous tourna le dos et s'éloigna en nous jetant quelques regards par-dessus son épaule, puis elle nous attendit près d'une rangée de buissons.

Ayant compris son invitation, Bone la suivit, et comme d'habitude je suivis mon frère. Ma truffe me chatouillait de plus en plus au contact de la fameuse odeur, et de bien d'autres encore à mesure que nous avancions.

Les poubelles, c'est là que Maman nous conduisit : une pile délicieuse de choses que j'étais incapable d'identifier à l'époque, mais dont je sais aujourd'hui qu'il s'agissait de vieux morceaux de poulet, de pain rassis, de restes d'œufs brouillés, d'olives, de spaghettis surgelés et de lait qui avait tourné.

Bone et moi nous jetâmes sur la pile sans attendre. Un chien avait donc d'autres alternatives à la chasse. C'était le paradis !

Cette nuit-là, l'estomac bien rempli, Bone et moi dormîmes pelotonnés l'un contre l'autre dans la remise. La pluie tombait, il y avait du vent et l'orage grondait, et régulièrement on voyait des éclairs de lumière à travers les fentes du toit. Je me blottis contre Maman et commençai à m'endormir lorsque j'entendis un bruit dehors, un bruit faible et lointain qui n'avait rien à voir avec l'orage.

Bone et Maman dormaient, mais poussée par la curiosité je me glissai hors de la remise par la porte ouverte et plongeai le regard dans l'obscurité de la nuit. A cause de la tempête, il me fallut attendre qu'un éclair illumine le jardin comme en plein jour pour que j'y voie. Mine, ruisselante, se tenait devant la porte de derrière de la maison. Que cherchait-elle ? De la nourriture ? Elle devait pourtant savoir où étaient les ordures, non ?

J'attendis l'éclair suivant, mais la renarde avait disparu. Je scrutai le jardin jusqu'à ce que l'orage s'éloigne et qu'il ne reste plus que la pluie et l'obscurité, puis je partis retrouver notre litière, et les battements de cœur de Bone et Maman.

Maman avait tout de suite su que Mine était dangereuse, et maintenant je le savais aussi : elle me faisait l'impression d'une extraterrestre étrangère à notre monde et ignorante de nos coutumes ; toutefois, faute de la voir, elle ou ses petits, je l'oubliai vite.

Les averses cessèrent, et les enfants Merrion se mirent à passer beaucoup de temps dans le jardin, si bien que Bone et moi devions plus que jamais redoubler de prudence. Mais nous n'étions pas en reste pour autant car à défaut de pouvoir jouer, au moins pouvions-nous les observer – et nous ne nous privions pas.

Le grand garçon et la petite fille criaient, couraient, grimpaient sur de grands jouets à roues – dont j'appris plus tard qu'on les appelait « vélos » – avec lesquels ils montaient et descendaient leur allée. Le plus jeune garçon, à l'inverse, était plus calme et sortait moins souvent de la maison, sauf pour aller s'asseoir sous un arbre avec un livre.

Parfois, Mrs Merrion appelait ses enfants depuis la terrasse de la véranda en criant : « Remettez vos chaussures ! Je ne veux pas que vous sortiez pieds nus ! » ou « Ne marchez pas sur les parterres de fleurs ! Les jardiniers viennent juste de les faire ! » ou encore « Matthias, s'il te plaît, laisse ce livre tranquille et va un peu te dégourdir les jambes, il fait trop beau pour rester assis toute la journée ! »

Bone et moi étions captivés, même si nos propres jeux nous manquaient.

Finalement, un soir, je revis Mine. Elle traversait le jardin des Merrion au crépuscule juste au moment où la petite fille se précipitait dehors en criant, un pot en verre dans une main : « Je pars attraper des lucioles, d'accord ? »

J'ignorais à qui elle s'adressait – j'essayai de jeter un coup d'œil par la porte, mais une partie du jardin m'était cachée –, mais à défaut de voir, j'entendis hurler – comme tous les autres animaux de la propriété, d'ailleurs.

— Un renard ! Il y a un renard dans le jardin ! Rentre, vite !

C'était Mrs Merrion.

Mine déguerpit aussitôt, détalant à travers le jardin avant de s'engouffrer dans les bois.

Ce fut le lendemain soir, à peu près à la même heure, que nous entendîmes des voix derrière la porte de la remise. Je n'avais pas encore suffisamment fréquenté les Merrion pour pouvoir identifier leurs voix, mais je crus reconnaître celle de Mrs Merrion ; il y avait aussi celle d'un homme adulte, qui pouvait bien être un jardinier. Je n'eus toutefois pas le temps de m'attarder sur le sujet car Maman m'attrapa et me transporta jusqu'aux cages à poules, Bone sur nos talons. Du fond des cages s'élevèrent de sourds grognements d'avertissement, mais

Maman les ignora. Avec son museau, elle nous poussa dans le coin le plus sombre de la remise et se planta devant nous, face à la porte.

Mon cœur battait si fort que j'avais l'impression qu'il était remonté dans ma gorge. Assise derrière Maman, j'attendais tremblante que la porte de la remise s'ouvre avec fracas, mais tout ce que j'entendis fut le son des voix.

— Ce renard est dangereux. Ma femme pense qu'il a la rage.

— Eh bien...

— Etes-vous sûr de pouvoir vous en occuper ?

— Je ne rate jamais ma cible.

— Je sais où se trouve le terrier.

— Mais il fait trop sombre pour qu'on puisse s'en occuper ce soir !

Les voix s'éloignèrent, et mon cœur se calma.

Le lendemain après-midi, je suivais Bone en direction du tas d'ordures lorsque j'entendis une explosion si violente qu'elle résonna dans les collines et effraya les oiseaux qui se turent.

Bone et moi nous regardâmes dans ce silence absolu et fîmes demi-tour illico pour courir à la remise, mais la présence d'un jardinier nous obligea à un freinage forcé ;

l'homme se dirigeait vers le parterre de fleurs le plus reculé du jardin, un fusil sur l'épaule. Mon regard anticipa sa trajectoire, et c'est là que je vis Mine, étendue sous un massif de pivoines, parfaitement immobile.

A ce moment-là Maman nous rejoignit et nous escorta jusqu'à la remise en nous tenant bien à l'écart des hommes. Dès que le jardinier se fut penché sur Mine, elle nous pressa et nous poussa à l'intérieur pour nous cacher à nouveau dans le coin sombre.

Le reste de la journée se passa sans heurt. Nous restâmes dans la remise, sans voir ni entendre une seule fois les enfants Merrion – à l'inverse des petits de Mine que l'on entendit tout l'après-midi gémir dans leur terrier.

Tôt le lendemain matin, Maman sortit pour se rendre au tas d'ordures.

Ce fut la dernière fois que je la vis.

Vie secrète

Bone et moi attendîmes longtemps le retour de Maman. Mais comme nous ne savions pas encore qu'elle ne reviendrait pas, nous fîmes comme d'habitude : on chassa dans les bois, on s'amusa près du mur en pierre, puis l'on fit une incursion dans les poubelles où l'on trouva des restes de dinde fumée, des écorces de melon, du café moulu (dont le goût ne nous plut guère) et la moitié d'une part de gâteau recouvert d'un glaçage tout blanc. Nous mangeâmes jusqu'à ce que nos estomacs n'en puissent plus.

Il faisait très chaud ce jour-là, si chaud que les enfants Merrion, qui s'étaient aspergés d'eau les uns les autres avec le tuyau d'arrosage le matin, rentrèrent pour le déjeuner et ne ressortirent plus de la journée. Quand le soleil atteignit son zénith au-dessus du jardin, l'atmosphère de la remise devint, malgré la porte et la fenêtre ouvertes, étouffante pour tous les animaux à l'exception des souris. Bone et moi partîmes alors attendre Maman à l'ombre des bois.

A la fin de la journée, quand les ombres commencèrent à s'allonger et la chaleur à s'atténuer un peu, nous regagnâmes la remise. Je m'attendais à trouver Maman dans notre litière – il lui arrivait de s'absenter pour de longues périodes mais elle revenait toujours le soir – mais celle-ci était vide. La remise était toujours irrespirable ; un des chats passa la tête par la porte et humant l'air dense et étouffant tourna les talons et repartit. Seuls restaient à l'intérieur mon frère et moi. J'avais faim, et je soupçonnais mon frère d'être dans le même cas, mais c'était Maman que nous désirions plus que tout.

L'air commença à se rafraîchir. La nuit tomba, les étoiles se mirent à briller et les chauve-souris à voleter, mais toujours aucun signe de notre mère. Des gargouillis dans l'estomac, Bone et moi nous blottîmes l'un contre l'autre dans la litière. Je pensai au tas d'ordures avec la dinde, le melon et le gâteau, mais Bone et moi ne nous étions encore jamais aventurés seuls dehors la nuit. De toute façon, je me disais que Maman était déjà probablement sur le chemin du retour.

Nous passâmes la nuit sur les sacs en toile, nos pattes et nos queues entremêlées ; je pouvais sentir le souffle de Bone sur ma nuque. C'était notre première nuit sans Maman, et elle nous parut bien longue.

En ouvrant les yeux le lendemain matin, je vis Bone, trois chats et aussi une souris qui sortait la tête d'un pot de fleur, mais aucune trace de Maman. Je sus alors que je ne la reverrais plus jamais.

Mon frère et moi étions désormais livrés à nous-mêmes. Il nous incombait de trouver notre propre nourriture et notre eau, et de nous souvenir de toutes les nombreuses choses que Maman nous avait apprises : comment ne pas s'attirer d'ennuis en se tenant à l'écart des hommes et des autres chiens, à quel moment attaquer et mordre sa proie, comment nettoyer nos blessures et prendre soin de nous-mêmes. Bone et moi faisions de notre mieux, et l'on s'en sortait plutôt bien. La pile d'ordures devint notre plus fidèle amie.

Je n'ai jamais très bien compris les émotions. Je sais ce qu'est la peur – j'ai eu peur très souvent – mais des mots comme « joie », « bonheur », « tristesse » ou « colère » me sont moins évidents. Au fil des années, j'ai pourtant souvent entendu les humains, en particulier Susan, parler de ce genre de choses et je sais reconnaître quand Susan est heureuse. En y réfléchissant, je pense que c'était bien du bonheur que je ressentais à l'époque où Bone et moi avons vécu seuls dans la remise ; oui, je pense que j'étais heureuse, malgré l'absence de Maman.

Il faut avouer aussi qu'avec la disparition de Mine, la propriété des Merrion était devenue bien plus calme, et le monde nous semblait moins hostile. Les petits de Mine étaient eux aussi partis – le matin où leur mère avait été tuée, ils avaient émergé de leur terrier et s'étaient engagés dans les bois, sans qu'on les vît jamais réapparaître –, aussi le jardin était-il libéré de la présence de tout renard – et je ne devais pas revoir l'homme au fusil avant un bon moment. Bone et moi commencions à nous sentir en sécurité.

Après cette journée de chaleur accablante, les températures redescendirent, et je vis les enfants Merrion commencer à remettre le même genre de vêtements qu'au printemps. La remise redevint vivable, et il pleuvait suffisamment pour remplir les seaux et les arrosoirs où Bone et moi nous abreuvions – mais pas au point de nous empêcher de sortir chasser. Mon frère et moi manquions encore d'expérience en la matière, néanmoins nos petites prises çà et là suffisaient à garder nos estomacs bien remplis. Et quand la chasse avait été mauvaise, il y avait toujours l'alternative du tas d'ordures.

Nous menions une vie tranquille, faite de jeux et de chasse aux écureuils. Avec le temps, je finis par me lier d'amitié avec certains chats de la remise dont Yellow Man qui attendait chaque matin au pied des cages à poules de pouvoir frotter sa tête dans mon cou, avant de partir dans les bois pour la journée. Je finis également par savoir reconnaître chacune des souris; elles étaient mes voisines, et en aucun cas des proies.

Ce fut par un bel après-midi où l'air était rempli du parfum de l'herbe fraîchement coupée et du bourdonnement des abeilles dans les buissons que Matthias découvrit notre existence, nous prenant complètement par surprise. Nous nous étions assoupis dans les bois, le ventre bien plein après un petit déjeuner dans le tas d'ordures, lorsque j'entendis un craquement de feuilles mortes et des murmures de voix. Bone et moi fûmes aussitôt sur nos gardes, et c'est là qu'apparut Matthias, le petit garçon qui aimait s'asseoir sous les arbres, celui à qui Mrs Merrion demandait de laisser ses livres tranquilles. Matthias, qui tenait justement un livre dans la main, se parlait à lui-même, et son visage avait la même expression que celui de Susan quand Mrs Oliver lui dit qu'elle est trop vieille pour vivre seule.

Mon frère et moi reculâmes et nous tînmes immobiles, pétrifiés à l'idée de nous faire remarquer en nous enfuyant.

Matthias faillit nous marcher dessus.

— Oh ! Des petits chiens ! s'exclama-t-il.

C'est là que Bone et moi prîmes la fuite, fonçant directement à la remise et franchissant la porte en trombe.

Matthias nous poursuivit jusqu'à notre repaire.

— Eh, petits chiens ! Je ne vais pas vous faire de mal, fit-il en tendant la main vers nous.

Bone se mit à grogner.

— Je sais, vous ne me faites pas confiance, dit Matthias. Ce n'est pas votre faute, vous ne me connaissez pas. Pas encore, ajouta-t-il après une pause.

Bone et moi quittâmes notre litière pour nous réfugier dans un coin.

Matthias se redressa, mais resta tout de même à distance.

— Je reviens !

A peine fut-il sorti que Bone et moi nous précipitâmes dehors pour gagner les bois où nous restâmes cachés, terrifiés à l'idée de faire le moindre mouvement.

A la fin de la journée, nous nous sentions toutefois suffisamment de courage pour nous rendre aux ordures, et c'est là que nous vîmes Matthias en train de faire le tour du jardin. Il tenait quelque chose dans la main et inspectait sous les buissons, derrière les arbres, dans les remises et la cabane de jeux, sans pour autant nous appeler – comme l'avaient fait un jour Mr et Mrs Merrion quand ils ne trouvaient pas la petite fille bruyante. Je sais aujourd'hui que Matthias voulait éviter que sa mère apprenne sa découverte ; elle n'aurait pas été d'accord. Nous étions son secret.

Cependant, Bone et moi n'avions aucune envie d'être le secret de Matthias. Maman nous avait appris à craindre les humains, aussi essayions-nous de rester vigilants et d'éviter de croiser son chemin. Un matin que nous rentrions à la remise après avoir pris notre petit déjeuner et fait nos besoins, nous nous apprêtions à une journée tranquille en compagnie de Yellow Man – les averses avaient repris et la pluie tambourinait sur le toit – quand la porte s'ouvrit brusquement.

— Enfin, vous voilà ! souffla Matthias en nous voyant – contrairement à sa sœur, Matthias parlait toujours d'une voix douce –, puis il s'accroupit et tendit la main.

Je jetai un coup d'œil par-dessus mon épaule et vis que Yellow Man et les autres chats s'étaient réfugiés tout au fond des cages à poules. J'étais moi-même sur le point de bondir dans un coin quand une merveilleuse odeur effleura mes narines.

Du poulet !

Bone et moi ne pouvions nous résoudre à nous approcher, mais n'arrivions pas non plus à nous enfuir.

Matthias tendit la main autant qu'il put, et mon frère et moi arrachâmes le morceau de poulet dans un bond, avant de partir nous réfugier dans un coin.

Il esquissa un sourire.

— Ce sera tout pour aujourd'hui, fit-il, puis il sortit.

Matthias revint nous voir dès le lendemain avec davantage de poulet, puis tous les matins qui suivirent. Le troisième matin, Bone et moi sentîmes que nous n'avions plus besoin de nous cacher dans un coin pour pouvoir déguster nos récompenses : Matthias restait tranquillement assis, se contentant d'attendre et de nous regarder manger. Si Susan avait été là, elle aurait dit que Matthias faisait preuve de patience.

Un matin, nous étions en train de savourer notre délicieux petit déjeuner au poulet quand je me rendis compte que Matthias avait une main posée sur moi, et l'autre sur Bone. J'étais effrayée, mais pas au point de ne pas finir mon poulet.

Le matin suivant, ce fut nos têtes que Matthias caressa.

Un jour enfin, il me prit sur ses genoux. Mon premier réflexe fut de me débattre, mais Matthias continua de me caresser en murmurant : « Tu es un bon chien ! Oui, le plus gentil des chiens ! Gentil toutou ! » Ce fut ensuite le tour de Bone qui grogna, sans pour autant trop résister.

Après ça, j'attendis chaque matin la visite de Matthias. Parfois Bone attendait avec moi, parfois non. Matthias nous apportait toujours du poulet, et quelquefois une balle ou un jouet avec. Je mangeais mon poulet puis je m'installais sur ses genoux, ou bien nous allions jouer derrière la remise – j'avais bien remarqué que Matthias était aussi désireux que nous de rester hors de portée de la maison.

L'automne commença à se faire sentir, mais je n'en avais pas conscience alors, ignorant que les jours allaient commencer à raccourcir, l'air à se rafraîchir et la nourriture à se raréfier. C'est à cette période que mon frère et moi revîmes l'homme au fusil et qu'un soir nous entendîmes une détonation.

Bone resta éveillé toute la nuit. Je l'avais déjà vu faire, ces nuits où il s'arrachait d'un sommeil profond pour écouter les coyotes dans les collines ou bien les voix sur la terrasse de la véranda. Mon frère devenait agité. J'avais adoré nos journées d'été – le salut matinal de Yellow Man, la chasse avec Bone, les incursions dans les ordures toujours avec Bone, la visite de Matthias, nos batifolages dans les bois. Mais mon frère se lassait de tout cela ; il devenait de plus en plus soupçonneux, regardant plus que jamais les Merrion avec méfiance, même Matthias. Et le lendemain du coup de feu, il décida de quitter notre maison à la campagne.

L'autoroute

A l'aube le lendemain du coup de feu, à l'heure où les créatures de la nuit s'en vont se coucher et où les humains ne sont pas encore levés, Bone se leva de la litière, effleura ma truffe de la sienne puis se glissa par la porte de la remise dans le monde endormi. Depuis le seuil de la porte d'où je l'observai, je le vis me regarder plusieurs fois par-dessus son épaule. Il longea la rangée de buissons puis fit une pause près du tas d'ordures. Mais quand je le vis continuer, je sus qu'il s'en allait pour de bon.

Je me retournai et considérai la remise derrière moi. Mes yeux se posèrent sur les cages à poules où dormaient Yellow Man et les autres chats, sur la brouette qui avait été ma première litière, sur les souris et leurs caches secrètes... Mon regard embrassa toute la remise illuminée par les premiers rayons du soleil : elle était ma maison, je ne connaissais qu'elle.

Mais Bone s'en allait.

Alors, je courus le rejoindre.

J'étais encore trop jeune à cette époque pour me demander comment se passerait la journée à la remise sans nous. Aujourd'hui, je crois que j'en ai une petite idée. Yellow Man a dû se réveiller et s'étirer, puis il s'est faufilé hors de sa cage pour aller humer l'air du dehors. Il m'a attendue pour pouvoir frotter sa tête dans mon cou, mais notre litière était déserte et je ne suis pas apparue en trombe de retour des bois ou du tas d'ordures, alors il est parti rôder tout seul dehors. Il a dû me guetter ainsi durant plusieurs jours, jusqu'à ce qu'il finisse par m'oublier complètement.

Les souris ont dû nous oublier quasi instantanément ; après avoir intégré l'information de notre départ, elles ont probablement recommencé à fourrager, à manger et à fureter, comme si nous n'avions jamais vécu à leurs côtés.

Je suis presque sûre que Matthias ne nous a jamais oubliés. Je l'imagine avec son poulet et ses jouets à la main en train de fouiller le jardin à notre recherche – bien plus longtemps que n'a dû le faire Yellow Man –, inspectant la propriété dans ses moindres recoins, s'aventurant peut-être même au-delà. Et d'après ce que je sais des émotions, je pense qu'il a dû être triste pendant longtemps.

Si j'avais su tout cela à l'époque – Yellow Man en train de m'attendre et Matthias en train de nous chercher – je sais que j'aurais suivi Bone malgré tout. La remise avait beau être mon foyer, et Yellow Man et Matthias mes amis, Bone était tout ce qui me restait : être séparée de lui était inconcevable.

Alors, je courus après mon frère. Je fonçai à toute allure, jappant pour qu'il sache que j'arrivais, et Bone s'arrêta pour que je puisse le rattraper. Nous nous remîmes ensuite en route, épaule contre épaule, et je m'aperçus que jamais je n'avais été aussi loin de la remise. Derrière moi je pouvais voir le toit et les cheminées de la maison des Merrion qui s'étiraient au-dessus des cimes, et les hirondelles qui virevoltaient près des fenêtres du grenier. Nous pressâmes le pas, et quand je me retournai pour la seconde fois, je ne voyais plus que le haut des cheminées. Puis, à la troisième fois, la maison avait disparu.

Bone et moi descendîmes une colline abrupte et nous retrouvâmes dans des bois sombres et épais, auxquels succéda un relief un peu plus plat. Nous marchâmes encore et encore jusqu'à ce que la faim vienne me tirailler l'estomac et que je voie dans ma tête des images de tas d'ordures et de rongeurs bien dodus. J'avais soif aussi, mais nous croisâmes le cours d'un ruisseau où nous pûmes nous abreuver longuement, avant d'y plonger complètement. Il faisait chaud et l'eau était fraîche, et il y avait de petites ombres qui s'agitaient sous la surface. Mon frère observa un moment les poissons puis se jeta sur l'un d'entre eux en éclaboussant partout, et je l'imitai. Nous fîmes chou blanc, mais sauter dans l'eau était amusant, et Bone en ressortit tout excité, se mettant à me poursuivre dans le ruisseau que nous remontions à contre-courant jusqu'à ce que nous arrivions à une petite cascade. Là, nous rejoignîmes la rive à gué et continuâmes notre traversée des bois.

Au fil de la journée, le soleil qui se trouvait face à nous au début passa dans notre dos. Quand la chaleur du jour se mit à diminuer et que les ombres rafraîchissantes du soir apparurent, nos estomacs criaient famine, aussi nous nous mîmes à chasser. Puis ce fut le repos.

Au bout d'un moment, Bone se redressa subitement et se remit en marche, je le suivis.

Nous marchâmes longtemps cette fois-ci, si longtemps que les arbres commencèrent à s'espacer et leurs ombres à se détacher les unes des autres sur le sol. Enfin, il n'y eut plus d'arbres, et nous nous retrouvâmes dans un champ. Il y avait un bruit, comme un frôlement, qui me rappelait le son que faisaient les voitures sur la route devant la maison des Merrion.

Bone qui avait entendu lui aussi s'arrêta net, les oreilles dressées.

Ce bruit était celui des voitures, j'en étais convaincue, même si les frôlements n'étaient pas exactement les mêmes que chez les Merrion. Ils étaient plus forts et plus rapides.

Bone se remit prudemment en marche. Il y avait un tracteur abandonné dans le champ, et nous étions en train de l'inspecter à distance lorsqu'un lapin surgit. Bone le prit alors en chasse, mais l'animal parvint à s'échapper.

Toujours le même bourdonnement. Mais où donc étaient toutes ces voitures que j'entendais ?

Bone, tout haletant après sa course, s'arrêta pour reprendre haleine, et c'est là que l'on aperçut une maison en bord du champ, plus petite que celle des Merrion mais proprette et avenante. Bone et moi lui tournâmes néanmoins le dos et partîmes dans la direction opposée jusqu'à ce que nous atteignions l'extrémité du champ. Et là, devant nous : une autoroute, bourdonnante. Les voitures fusaient sur la route à une allure telle qu'elles en devenaient floues ; et même en nous reculant vers le champ, un souffle de vent chaud nous rabattait les oreilles en arrière à chaque passage de voiture.

Je plissai les yeux pour me protéger de la poussière et du vent et me retournai : notre seule solution était de retraverser le champ en évitant la maison et de regagner les bois où nous pourrions chasser. J'étais à mi-chemin, le long d'une rangée de grandes plantes épineuses, lorsque je m'aperçus que Bone ne m'avait pas suivie mais qu'il se tenait toujours au bord de la route, en train de renifler quelque chose dans l'air. Je me mis à renifler aussi, et mes narines détectèrent une odeur.

C'était du poulet, comme celui de Matthias ! L'odeur venait de l'autre côté de la route, aussi je repartis en courant rejoindre mon frère, et une fois près de lui, tentai de regarder à travers la circulation.

Mais ce n'est que lorsqu'il y eut une légère interruption dans le flot des voitures que je pus enfin voir : un sac en papier gisait par terre, de l'autre côté de la route.

Le sac contenait du poulet, il n'y avait aucun doute possible. Mes babines se mirent à saliver tandis que je me tenais au bord du champ, séparée de ce poulet par deux voies de circulation.

Bone fit un pas en avant, puis un deuxième. Je le suivais de près, mais un camion me passa juste devant et je fis un bond en arrière en couinant. Mon frère me regarda puis se mit de nouveau face à la route, comme s'il s'apprêtait à s'élancer. Mais soudain, une voiture freina dans un crissement de pneus et s'arrêta un peu plus loin sur le bas-côté. Les autres voitures klaxonnèrent, mais l'homme et la femme qui venaient de s'arrêter les ignorèrent et se précipitèrent hors de leur voiture. Bone ne bougeait pas, les yeux toujours rivés sur le sac, tandis que je regardais les étrangers accourir vers nous avec une seule idée en tête : m'enfuir. Mais je ne pouvais pas laisser Bone.

J'aboyai en guise d'avertissement.

Trop tard. L'homme avait déjà pris mon frère dans ses bras et la femme me soulevait.

— Regarde, ce sont encore des bébés ! s'exclama-t-elle. Que font-ils là, à ton avis ?

L'homme regarda Bone d'un air sévère.

— Vous auriez pu vous faire tuer, vous savez. C'est une route dangereuse ici.

— Tu sais, mon chéri, ils n'y sont pour rien, ils sont encore petits, dit la femme. Ils ont dû se perdre.

— Est-ce que tu vois sur eux des colliers ou des tatouages ? demanda l'homme en passant la main dans le cou de Bone.

Mon frère se raidit et tourna la tête d'un coup sec pour mordre.

— Eh ! s'écria l'homme qui manqua le laisser tomber. Sale bête ! Ne t'avise plus de recommencer ! ajouta-t-il en le secouant un peu.

— George, je te dis que ce n'est pas leur faute, répéta la femme. Allez viens, repartons à la voiture. C'est dangereux de rester là.

Je me recroquevillai sur moi-même. Le contact des mains sur mon corps était sans douceur, pas comme avec Matthias ; la femme me serrait trop fort et j'avais du mal à respirer. Je lançai un regard éperdu vers Bone qui se débattait en se tordant et en grognant tandis que l'homme, George, le tenait à bout de bras.

— Ils sont drôlement vifs! remarqua gaiement la femme.

— Ils sont surtout casse-pieds, répliqua George qui fourra Bone sous son bras le temps d'ouvrir la portière. Mets-les à l'arrière, Marcy, comme ça ils ne nous pisseront pas dessus.

Puis il ajouta après une pause:

— Qu'est-ce qu'on va faire d'eux de toute façon?

— Les garder, bien sûr! Ils sont mignons, et puis ils vont finir par se calmer. Ils ont peur, voilà tout.

Marcy avait raison, Bone et moi étions pétrifiés. Nous nous blottîmes sur le sol de la voiture derrière George et Marcy, mais je ne fis que geindre et gémir durant tout le trajet – les secousses de la voiture m'avaient mis l'estomac sens dessus dessous.

— On est arrivé! annonça enfin Marcy.

La voiture prit un virage et je vomis.

— Sale bête! s'écria George. La voiture va empester maintenant!

— Je nettoierai, répondit Marcy.

Puis se penchant vers l'arrière, elle ajouta:

— Bienvenue dans votre nouvelle maison!

Les « vilains chiens »

Je ne voulais pas d'une nouvelle maison. Je voulais la remise. Je voulais Maman. Je voulais le tas d'ordures. Je voulais Yellow Man et les souris, et Matthias. Je voulais me blottir près de Bone sur nos sacs en toile. Quand Bone avait décidé de quitter la remise ce fameux matin, je ne m'étais pas demandé *pourquoi*. Etait-ce pour quitter un endroit qu'il estimait dangereux ? Etait-ce pour chercher une nouvelle maison, plus sûre ? Si cela n'avait tenu qu'à moi, je ne serais jamais partie ; mais Bone avait fait son choix. Peut-être avait-il eu raison, peut-être pas, quoi qu'il en soit cela n'avait plus d'importance, car George et Marcy décidaient pour nous désormais.

Marcy ouvrit la porte de notre nouveau foyer. La maison était plus petite que celle des Merrion – mais plus grande que celle qui bordait le champ – et il y avait très peu d'espace avec les deux maisons qui l'encadraient. La rue entière était bordée de maisons, chacune pourvue d'un petit jardin sur le devant planté d'arbres maigrelets.

Une fois la porte ouverte, Marcy pénétra dans une pièce sombre et froide.

— Et voilà, tu es libre ! fit-elle en me déposant par terre. Par contre, on va te débarbouiller un peu.

Je léchai d'un coup de langue la bave sur mes babines tandis que George arrivait avec Bone et le déposait par terre près de moi. Je lançai à mon frère un regard misérable : mon estomac se soulevait et j'avais une envie pressante. Bone et moi avions pris l'habitude de ne pas faire nos besoins dans notre litière à la remise, aussi je fis délicatement un pas de côté pour m'écarter du tapis et me soulageai sur le sol, près de la porte d'entrée.

— Eh ! cria George. Vilain, vilain chien !

Il m'agrippa par la peau du cou, quelques gouttes dégoulinant encore d'entre mes pattes, ouvrit grand la porte et me jeta sur les marches du perron.

Bone poussa un aboiement aigu de colère, et Marcy demanda à George de se calmer.

Je n'étais pas bien sûre de ce qu'il fallait que je fasse : j'avais envie de m'en aller le plus loin possible de George et de Marcy, mais Bone était toujours à l'intérieur. Alors j'attendis en tremblant devant la porte – jusqu'à ce que Marcy me fasse rentrer.

— Alors, écoutez-moi bien maintenant, fit-elle en nous poussant dans une grande pièce avec une table au centre mais sans tapis par terre. Pas de pipi à l'intérieur, compris ? *Pas de pipi* !

— Marcy, pour l'amour du ciel, ce sont des chiens, ils ne peuvent pas te comprendre ! cria George depuis l'autre pièce tandis qu'avec un chiffon, il frottait à grand bruit la flaque que j'avais laissée. Ces chiens sont incapables d'apprendre, tu t'en rends compte, au moins ? Est-ce que tu veux vraiment t'occuper de l'éducation de deux chiots ?

— Je ne vois pas ce qu'il y a de difficile ! répliqua Marcy. Ils sont jeunes, c'est justement à cet âge-là qu'il faut leur apprendre !

C'est alors que Marcy baissa les yeux et qu'elle nous vit, Bone en train de lever la patte arrière contre une chaise en bois et moi en train de déféquer dans un coin de la pièce. Sans faire de bruit, elle nous tapa sur les fesses en chuchotant tout bas « Vilains chiens ! » pour que George n'entende pas, puis elle s'empressa de nettoyer.

Bone et moi nous réfugiâmes immédiatement sous la table, dans un labyrinthe de pieds de chaises. Quand Marcy eut terminé, elle cria « A table ! » et tendit le bras sous les chaises pour nous attraper. Bone émit un grognement sourd et continu tandis que je reculais.

— Vas-y, grogne si tu veux, fit Marcy, blessée, avant de se relever. De toute façon, vous sortirez de là à la seconde où je vous apporterai à manger.

— Que vas-tu leur donner ? demanda George en entrant dans la pièce avec une pleine poignée d'essuie-tout détrempés.

Marcy sondait ses placards.

— Eh bien, j'irai leur acheter de la nourriture pour chiens demain, et en attendant…

Je n'entendis pas la suite car au même moment George souleva le couvercle d'une poubelle et Bone surgit de dessous la table, renversant la poubelle avant de se jeter sur les restes de nourriture.

En sentant toutes ces odeurs familières d'œuf, de sauce bolognaise, de cookies et de pelures de pommes, j'en oubliai instantanément tous mes malheurs, y compris mes soulèvements d'estomac, et m'emparai d'un reste de dinde tandis que Bone emportait sous la table un morceau de pain rassis – un morceau entier ! – et l'avalait en quelques bouchées, sans cesser de grogner tout le long.

— Non, *non*, NON ! hurla George. Marcy, regarde cette pagaille !

Marcy remit la poubelle d'aplomb et tenta de rassembler en petit tas les détritus éparpillés sur le sol, tandis que Bone et moi continuions de bondir de sous la table pour chaparder les restes.

— Non ! s'époumonait Marcy. Vilains chiens !

Mais Bone et moi n'eûmes de répit qu'une fois nos ventres pleins, et nous pûmes enfin nous endormir sous la table.

J'ignore à quel moment exactement, mais je sais que Marcy nous tira de sous la table avec beaucoup de douceur, en disant : « Oh, mes pauvres petits toutous ! Regardez comme vous êtes fatigués ! »

Je sais aussi que George et elle restèrent assis un long moment par terre dans la cuisine, avec Bone et moi sur leurs genoux.

Mon frère et moi avions conscience de tout cela, mais après cette journée de voyage, la fatigue était telle que nous n'avions même plus la force d'ouvrir un œil.

— Mes pauvres petits chiens fatigués, murmura à nouveau Marcy en caressant Bone dans le dos.

George me caressait aussi, et sa main – la même avec laquelle il m'avait jetée dehors – était maintenant pareille à celle de Matthias.

— Quel âge crois-tu qu'ils ont ? souffla Marcy.

— Je n'en sais rien, répondit George en continuant de me caresser. Ils doivent avoir au moins quelques mois, je ne crois pas qu'ils soient toujours bébés. Cinq mois, peut-être ?

— C'est quand même jeune, fit Marcy. Il va falloir les emmener chez le vétérinaire sans trop tarder. En plus, on ne connaît même pas leur sexe.

Puis elle fit une pause.

— Je me demande bien ce qu'ils font tout seuls.

— Ce sont probablement des chiens errants, tu sais, répondit George. Je ne crois pas qu'ils aient déjà vécu avec des humains.

C'est là, sur ces dernières paroles de George, que je m'endormis. Je fus réveillée un peu plus tard par la sensation d'être soulevée et transportée, et lorsque j'ouvris les yeux, je vis que George et Marcy nous installaient mon frère et moi dans un grand carton tapissé de papier journal, dans la chambre sans tapis.

— Ce sera votre lit pour la nuit, annonça Marcy en nous tapotant la tête. On tâchera de vous trouver mieux demain. Bonne nuit, petits chiens !

La lumière s'éteignit, et j'entendis les bruits de pas s'éloigner et passer au-dessus de nos têtes. Je tentai pendant un long moment de me blottir contre Bone comme si nous étions installés bien à l'abri sur nos vieux sacs de toile, mais j'avais envie de faire pipi, et l'activité frémissante des souris et les miaulements feutrés des chats me manquaient. Je tendis désespérément l'oreille à l'affût d'un bruit familier, comme une chouette ou même un coyote, mais je ne perçus que le chant d'un criquet dans le lointain.

Je m'écartai tout doucement de Bone ; mon envie se faisait pressante maintenant et je voulais éviter de faire dans le carton. Bone aussi était agité ; probablement avait-il aussi envie de se soulager.

Je laissai échapper un couinement et Bone m'imita, un peu plus fort ; puis je me mis à gémir et Bone à hurler. Je me joignis à lui et ensemble nous hurlâmes à la mort. Quand soudain la pièce s'éclaira. Marcy se tenait devant nous, les mains sur les hanches.

— Est-ce qu'on peut savoir ce qui se passe ici ? s'exclama-t-elle. Vous voulez bien vous taire à la fin !

Mon frère et moi nous redressâmes, les pattes avant appuyées sur les côtés du carton, sautillant et couinant.

— Il est *deux heures du matin*, fit Marcy d'un air sévère. Tenez-vous tranquilles !

Ma vessie n'allait pas tarder à exploser, j'aboyai avec force.

— Très bien, cette fois ça suffit !

Marcy traîna le carton dans le couloir, jusque dans une petite pièce.

— Puisque vous n'êtes pas capables de vous taire, vous passerez la nuit ici, dans la buanderie.

J'entendis un *clic* et la lumière s'éteignit, et Marcy claqua la porte derrière elle.

Bone et moi pleurâmes encore un moment, et finalement je soulageai ma vessie dans un coin du carton, Bone soulageant la sienne après moi, au même endroit. Notre carton était désormais mouillé et sentait l'urine mais nous ne tardâmes pas à nous endormir malgré tout, rompus de fatigue.

Quand Bone et moi vivions dans la remise, nous avions l'habitude de nous réveiller chaque matin avec les rayons du soleil qui filtraient par la fenêtre et illuminaient en douceur notre foyer. Mais en me réveillant dans la buanderie le lendemain, j'ignorais totalement si le jour était levé ou non ; la pièce était aussi obscure qu'en pleine nuit.

Je me redressai dans le carton malodorant et donnai un coup de museau à Bone qui se retourna en couinant. J'entendis à ce moment-là un bruit sourd de porte qui cogne et Marcy apparut.

— Bonjour, les chiens, murmura-t-elle. Je vois que vous avez fini par vous calmer.

Marcy avança le bras dans le carton et se mit à me caresser, mais Bone se réveilla brutalement et voyant cette grande main sur le dos de sa sœur se jeta dessus et mordit.

— Aïe, arrête ! cria Marcy.

Elle lui administra une tape sur le nez et se releva précipitamment, tandis que mon frère laissait échapper un couinement.

— Marcy ? Qu'y a-t-il ? cria George.

— Le petit marron vient de me mordre !

George apparut dans le couloir.

— Très bien, trop c'est trop ! Ces chiens repartent d'où ils viennent dès aujourd'hui, on n'a pas besoin de ça, Marcy.

— Non, s'il te plaît ! Donne-leur une deuxième chance !

— Hors de question, répondit George d'un air renfrogné.

— Non, vraiment, juste une chance.

George secoua la tête.

Bone et moi ignorions ce qu'était une deuxième chance, mais si nous l'avions su, nous n'en aurions pas voulu. Marcy nous ramena très délicatement dans la cuisine, mais Bone parvint à se dérober à son emprise ; il traversa la pièce comme une flèche en direction de la poubelle et la renversa par terre, avant de se mettre à me jeter des restes de nourriture.

Marcy adressa un regard d'impuissance à George.

— Je dois partir au travail.

— Génial. Donc c'est à moi de nettoyer tout ce gâchis !

— Je suis désolée, je n'y peux rien...

— C'est pas grave, vas-y.

Marcy nous regarda et ouvrit la bouche pour dire quelque chose, mais elle fit demi-tour et sortit.

Dès que Bone et moi eûmes terminé de manger – et de grogner –, George nous fourra dans un carton plus petit que le précédent qu'il jeta dans la voiture, puis il démarra dans un rugissement de moteur.

Abandonnés

George conduisait si vite que les pneus crissaient à chaque virage et que Bone et moi étions projetés d'un côté et de l'autre du carton. Mon cœur commença à cogner dans ma poitrine et je me mis à haleter et à me lécher les babines en essayant d'ignorer le roulis de mon estomac.

De temps à autre, j'entendais George marmonner des phrases comme « Maudits chiens ! » ou « Je me demande bien à quoi elle pensait ! » ou bien « Il faudrait vraiment qu'elle se fasse soigner ! ».

La voiture prit un nouveau virage et cette fois je sentis le carton glisser sur le siège vers George qui donna un coup dedans du revers de la main, cognant Bone à la mâchoire au passage. Mon frère gémit de douleur.

— La ferme, sale petit poison! cria George, et il tapa à nouveau dans le carton, me cognant la tête par la même occasion.

Le coup fut tel qu'il m'envoya dans un coin du carton où, trop étourdie pour réagir, je me blottis discrètement.

C'est alors que la voiture se mit à ralentir et que j'entendis du bruit provenant du siège de George, sans pouvoir voir ce qu'il faisait. Au bout d'un moment, notre carton s'ouvrit brutalement et je vis George, en sueur, attraper Bone par la peau du cou et le jeter par la fenêtre de la voiture. A peine avait-il disparu de mon champ de vision que George me saisit de la même façon et me fit aussi passer par la fenêtre, avant de faire rugir son moteur et de démarrer en trombe.

Bone avait violemment heurté le sol et il n'avait pu retenir un cri de douleur quand son museau s'était écrasé sur le revêtement. J'atterris quant à moi quelques mètres plus loin, sur l'épaule; j'entendis bien quelque chose craquer, mais une fois encore j'étais trop étourdie pour ne serait-ce que gémir. Au bout d'un moment, je tentai malgré tout de me relever et me hissai chancelante sur mes pattes arrière pour commencer, puis sur ma patte avant intacte. Malheureusement, lorsque je posai ma patte blessée et m'appuyai dessus, celle-ci se déroba et je m'écroulai.

Je regardai alors mon frère en train de s'avancer vers moi en claudiquant, le museau en sang. Il était presque arrivé à ma hauteur lorsque j'entendis quelqu'un s'écrier : « Est-ce que tu as vu ça ? Un type vient de jeter ces chiens par la fenêtre de sa voiture ! »

— Est-ce qu'ils vont bien ? demanda une autre personne.

Je regardai autour de moi : Bone et moi avions atterri sur de l'asphalte, comme dans l'allée des Merrion, sauf que cette étendue de bitume était bien plus vaste et que des rangées de voitures s'y étiraient à perte de vue. En face de moi se trouvait un ensemble de bâtiments d'où les gens entraient et sortaient d'un pas pressé.

Les deux personnes qui nous avaient repérés étaient deux femmes aux bras chargés de paquets. Elles se mirent à courir dans notre direction, puis déposèrent leurs paquets sur l'asphalte et s'agenouillèrent près de nous.

— Je crois qu'ils vont s'en remettre, dit l'une.

— Regarde comme le marron est mignon, fit l'autre en désignant mon frère.

J'ai toujours rêvé d'avoir un petit chien, je crois que je vais le ramener chez moi.

— Et l'autre, celui qui a des taches ?

— Eh bien… Deux chiens, ça risque de faire beaucoup pour moi, et puis il n'est pas aussi mignon que l'autre. Je vais seulement prendre celui-là.

— Et laisser l'autre ici ?

— Il s'en sortira, quelqu'un d'autre le trouvera. C'est pour ça qu'on les a laissés devant le centre commercial, tu sais.

Les deux femmes récupérèrent leurs paquets et s'éloignèrent avec mon frère, qui se débattait et s'agitait tandis que l'une d'elles lui épongeait le museau avec un mouchoir en papier.

Bone était parti. On m'avait séparée de mon frère. Je tentai de courir après les deux femmes mais je ne pus les rattraper, la douleur dans mon épaule me contraignant à m'arrêter et m'asseoir. Je rejetai la tête en arrière et poussai un long hurlement.

Je restai ainsi sur l'asphalte pendant un moment, mais cette matière dure et chaude qui collait à mon arrière-train m'indisposait, tout comme la présence de toutes ces voitures autour de moi. Je me relevai avec hésitation en prenant soin de ne pas poser ma patte blessée au sol et constatai qu'il m'était possible de me déplacer sur seulement trois pattes. Je quittai l'asphalte pour l'ombre d'un arbre posé sur un petit espace de verdure près d'un lampadaire et m'assoupis. A mon réveil, je fis une nouvelle tentative pour me dresser sur mes quatre pattes. J'y parvins, malgré la douleur ; je pouvais même prendre appui sur ma patte abîmée.

Comme je commençai à avoir soif, je cherchai du regard un ruisseau ou un cours d'eau, en vain. Je trouvai toutefois une flaque d'eau au bord de l'asphalte où je pus laper quelques gorgées.

Maman nous avait appris à nous méfier des humains, mais j'avais appris à me méfier aussi des voitures ; or, en me retrouvant au beau milieu de tous ces véhicules, je me sentis comme paralysée. Je décidai donc de retourner sous l'arbre et de m'y faire toute petite et discrète.

Je passai tout l'après-midi à observer le va-et-vient des gens et des voitures sans que personne ne me remarque. La lumière du jour se mit à décliner et je commençai à avoir froid ; mais Bone n'était plus là pour que je me réchauffe contre lui, comme avant, aussi je me glissai contre l'arbre et tentai de me blottir entre ses racines. Mais elles étaient froides et dures, et rugueuses.

Toute tremblante, je me mis à regarder les voitures. Au bout d'un moment, je remarquai qu'elles étaient plus nombreuses à partir qu'à arriver et que l'étendue noire se vidait progressivement. Le calme ambiant me frappa également. A la mi-journée, quand le soleil était haut dans le ciel, l'air avait résonné de la rumeur des voix, du bruissement des sacs en plastique, de la cacophonie des Klaxons et de la musique qui s'échappait des vitres ouvertes. A présent, je ne percevais plus que les rares murmures des gens qui remontaient dans leur voiture et s'en allaient.

Lorsque la nuit tomba, il ne restait plus que quelques véhicules et l'étendue d'asphalte déserte s'étirant à l'infini, telle une immense tâche obscure. J'étais là moi aussi, toujours assise sous mon arbre, tourmentée par le froid, la fatigue et mon épaule douloureuse. Et la faim au ventre.

Je me demandai où pouvaient bien être Bone et Maman et, laissant échapper un soupir, retournai m'abreuver à la flaque d'eau. Maman était morte, je le sentais au fond de moi ; quelque chose lui était arrivé, forcément, car jamais elle ne nous aurait abandonnés aussi jeunes. Mais Bone… peut-être n'était-il pas très loin ? Peut-être avait-il trouvé un foyer chez la femme aux paquets ? Ou peut-être pas ; après tout, notre première expérience avec des humains n'avait pas fonctionné. Peut-être Bone s'était-il enfui ? Peut-être me cherchait-il en ce moment même, s'efforçant de retrouver le chemin de cet endroit où l'on nous avait jetés ?

Je me disais qu'il fallait que j'attende le retour de Bone, mais je savais aussi que je ne pouvais pas rester là : cette flaque d'eau où je m'abreuvais ne durerait pas éternellement, et il me fallait trouver à manger. Je jetai un regard alentour à l'affût d'un quelconque mouvement et vis la dernière voiture quitter l'endroit. En reniflant l'air, je détectai des odeurs de pots d'échappement, de pneus, de semelles de chaussures, d'écureuils, de souris, d'insectes, de quelque chose qui s'apparentait à l'odeur des souris mais n'en était pas *exactement*, et d'urine de chien (pas la mienne). Il y avait aussi un parfum agréable : j'étirai le cou au maximum et pointai le plus possible la truffe en l'air.

Etait-ce bien des ordures que je sentais ? Avec beaucoup de prudence, je m'écartai de l'arbre et quittai le rond de verdure pour m'engager sur l'asphalte : les ordures étaient ma seule chance.

Guidée par mon flair, je traversai successivement les flaques de lumière des lampadaires, et tombai finalement sur un morceau de hamburger dont je m'emparai aussitôt ; plus loin, ce fut un gobelet en carton dont je léchai la substance blanchâtre qui s'était déversée par terre ; et plus loin encore, je goûtai des miettes jaunes croustillantes que je trouvai plutôt salées.

Tout cela était bien beau, mais mon flair me disait que d'autres ordures n'étaient pas loin : de vraies ordures, comme celles des Merrion.

Ce fut à l'arrière du grand bâtiment où les gens s'étaient pressés toute la journée que je les trouvai : une rangée entière de poubelles. La plupart avaient leur couvercle bien fermé, mais l'une d'entre elles gisait ouverte par terre.

J'avais trouvé mon dîner ! Je plongeai aussitôt et me mis à fouiller.

Je venais de capter un effluve de dinde lorsque j'entendis soudain un grognement derrière moi. Je sortis de la poubelle à reculons et, sans même me retourner, pris mes pattes à mon cou.

Je courus sans m'arrêter, au-delà de l'asphalte désert et des flaques de lumière, au-delà des flaques d'eau et des restes de nourriture alléchants. J'atteignis la limite de l'asphalte et franchis la bande de verdure qui le bordait, quand subitement je dus interrompre ma course effrénée : devant moi se succédait une enfilade de voitures sifflantes et bourdonnantes, toutes parées à l'avant de deux yeux brillants – et je revis brusquement l'image de Bone devant la route encombrée de la veille.

A bout de souffle, je jetai un coup d'œil furtif par-dessus mon épaule : aucune trace de la chose qui grognait – c'était heureux, car j'étais pétrifiée à l'idée même de devoir revenir sur mes pas.

Je me tournai donc vers les voitures qui glissaient en sifflant devant moi et remarquai une différence avec la route de la première fois : la circulation n'était pas continue. Une fois les voitures passées, la route retombait dans le silence de la nuit, plus aucun véhicule ne circulait ; puis soudain le sifflement reprenait. Alors j'attendis, et lorsque le sifflement cessa de nouveau et qu'aucune voiture ne fut en vue, je m'élançai et traversai la route comme une flèche. Arrivée de l'autre côté, je retrouvai la verdure, et puis des arbres, beaucoup d'arbres : je venais d'entrer dans un petit bois.

En me retournant je pouvais à peine distinguer entre les arbres les yeux des voitures, et droit devant moi se profilait uniquement le bois, comme à l'arrière de la maison des Merrion. Je m'enfonçai alors dans l'obscurité entourée de sons familiers – le chant des criquets, le gazouillis des oiseaux, le dialogue d'un couple de chouettes.

Je m'endormis ce soir-là sur un lit de feuilles mortes, l'estomac presque vide, la langue desséchée et l'épaule lancinante. Je repensai à notre ancienne litière dans la brouette et rêvai de me coller contre Bone et Maman, et de sentir leurs battements de cœur.

Partie II

Seule

Le bois devint ma demeure – j'y vécus du moment où les feuilles des arbres perdent leur couleur verte (une couleur que je ne vois pas mais que j'ai souvent entendu les humains évoquer en parlant du vert des feuilles, du vert de l'herbe et d'encore bien d'autres choses de couleur verte) jusqu'à ce qu'elles deviennent jaunes et tombent; jusqu'à ce que la neige qui se mit ensuite à virevolter ait totalement fondu; et jusqu'à ce que mes pattes se soient allongées. Comme j'étais jeune, toutes ces choses étaient nouvelles pour moi: j'ignorais que les feuilles allaient tomber des arbres en même temps que le froid s'installerait; ou bien que la neige se mettrait à tomber à leur place et qu'elle recouvrirait le sol, rendant plus difficile la recherche de nourriture ; ou bien qu'avec le retour progressif de la chaleur, les feuilles réapparaîtraient, aussi vertes que des chenilles. Et j'ignorais aussi que j'étais en train de grandir. Ce dont j'étais sûre, en revanche, c'est que tout m'était inconnu, et qu'il n'était pas facile d'être un petit chien solitaire.

Je me sentais terriblement seule.

Cette première nuit dans le bois, la première sans Bone à mes côtés, je dormis d'un sommeil agité sur mon lit de feuilles, inquiète à l'idée de m'endormir trop profondément. Je m'étais toujours sentie en sécurité dans la remise, à l'abri de Mine et des coyotes, et de leurs semblables. Mais là, dans le bois, je me sentais exposée et ignorais quels genres d'animaux je pouvais y rencontrer. Un drôle de chien avait rôdé une fois sur la propriété, un chien dont Maman s'était méfiée autant que de Mine. Et cet animal qui m'avait grogné dessus près des poubelles ? Etait-ce un chien ou bien autre chose ?

La nuit fut néanmoins calme, et le matin venu je partis en exploration. Le bois n'était pas grand, mais il suffisait à me cacher de la route et du centre commercial. Je découvris un ruisseau d'eau claire et, à l'autre extrémité du bois, séparée d'une bonne distance de celle du côté de la route, des maisons serrées les unes contre les autres comme dans la rue de George et Marcy. Le bois donnait sur l'arrière des maisons, et il y avait des poubelles ! Aller les fouiller risquait de s'avérer difficile, mais au moins étaient-elles là, et je n'avais pas besoin de traverser la moindre voie de circulation pour y accéder.

Ce premier jour, j'explorai donc suffisamment le bois pour appréhender ce nouveau voisinage, très semblable à la forêt qui avait bordé la propriété des Merrion. Je croisai des écureuils, des marmottes, des mouffettes, ainsi qu'une foule de petits rongeurs ; j'aperçus des nids de chouettes et de corbeaux et entendis des faucons, des geais, des mésanges, des cardinaux rouges, des moineaux et des hirondelles ; je croisai plusieurs biches, trois faons qui n'avaient pas encore perdu leurs taches, et une dinde avec ses petits. Je ne vis toutefois aucun chat – ce qui me fit penser à Yellow Man – ni aucun animal susceptible de me choisir comme proie. Quitte à choisir un endroit où vivre, ce bois n'était pas si mal. Bone me manquait, mais je me sentais en sécurité ici et savais à présent que je pouvais y trouver de quoi survivre.

Ainsi, une nouvelle vie commença pour moi. Je m'aménageai un abri un peu mieux protégé au creux de deux grands sapins dont les troncs étaient si rapprochés qu'on eût dit un seul et unique arbre, et dont les larges branches inférieures m'abritaient de la pluie. Tous les matins je partais à la chasse ; je m'abreuvais au ruisseau et dans les flaques et effectuais des incursions ponctuelles dans les poubelles, à l'arrière des maisons – avec un peu de chance, un couvercle pouvait avoir été mal refermé. Une fois même, j'attendis qu'un gros chien qui était en train de fouiller une poubelle renversée fût parti pour profiter des restes dont il n'avait pas voulu.

La baisse des températures était si imperceptible que je ne la remarquai pas au début, puis un jour en fin d'après-midi, alors que le soleil déclinait à l'horizon, je m'aperçus combien le fond de l'air s'était rafraîchi. Je levai la tête vers la voûte de feuillage et constatai que le vert uni des feuilles avait cédé la place à une multitude de teintes, et que l'on voyait davantage le ciel entre les branchages. Les nuits semblaient avoir rallongé et les jours raccourci, et ma respiration se transformait parfois en fumée au contact de l'air.

Un matin que je me dirigeais vers une grande flaque qui s'était formée au cours d'un orage, je m'aperçus qu'elle avait durci. Ignorant ce qu'était la glace, j'y goûtai du bout de la langue : c'était froid, et à ma grande surprise ma langue glissait dessus. Il m'était impossible de boire, mais je fus soulagée de constater que le ruisseau coulait toujours, même si l'eau était devenue glaciale.

Il n'y eut bientôt plus une seule feuille sur les arbres. Les sapins qui abritaient mon repaire avaient toujours de longues branches allongées et bien fournies, à l'inverse des autres arbres dont les silhouettes austères se détachaient sur le ciel, semblables au squelette de faon que j'avais trouvé un jour près de la maison des Merrion. La première fois qu'il se mit à neiger, ma première réaction fut de regarder les flocons avec ahurissement, puis je me précipitai dessous pour jouer. La neige aurait beaucoup plu à Bone, et j'aurais voulu pouvoir me rouler dedans avec lui et pas seule comme je le faisais, mais cela ne m'empêcha pas pour autant de bondir, sauter et courir. Ce ne fut que plus tard que je découvris à quel point il était difficile de chasser et de trouver de quoi manger dans la neige, et aussi combien j'allais avoir froid dans mon repaire en plein air.

Je survécus malgré tout à mon premier hiver et fus tout aussi stupéfaite de constater la douceur de l'air et le retour des feuilles que je l'avais été en voyant l'air se rafraîchir et les feuilles tomber. La neige commença à fondre et la glace qui bordait le ruisseau se brisa, avant d'être emportée par les courants. Une jeune biche donna naissance à deux faons et les oiseaux pondirent leurs œufs dans des nids fraîchement construits. Tout n'était que naissances et renouveau ; le bois baignait dans le soleil et les effluves puissants de la terre humide.

Cependant, le long hiver m'avait laissée maigre et affamée. Mes dernières chasses s'étaient avérées infructueuses – alors que ma croissance se poursuivait – et le moment arriva où, n'ayant rien attrapé depuis deux jours, je me mis à rôder à l'arrière des maisons, louchant sur les poubelles. Malheureusement, un homme sortit une fois d'une maison en hurlant et en agitant les bras à mon intention, et à deux reprises je recroisai le gros chien, si bien que je finis par regagner discrètement l'obscurité du bois.

Le soir de mon quatrième jour sans nourriture, un soir où l'air était particulièrement doux, je décidai de m'aventurer de l'autre côté du bois. Je n'étais plus retournée au centre commercial depuis ce jour où Bone et moi y avions été jetés et abandonnés, mais il arrivait qu'à certaines périodes, lorsque le vent soufflait dans une direction particulière, je puisse sentir l'odeur des poubelles qui s'y trouvaient. La grand-route était toujours là qui me séparait de toutes ces ordures, mais je m'en moquais bien : j'avais si faim que je sentais mes boyaux se tordre dans mon ventre. Je décidai d'attendre qu'il fasse nuit noire afin de pouvoir savourer un bon repas, puis de retourner dans le bois pour y reprendre la chasse.

Je me postai sur le bord de la route et observai le flot des voitures passer en sifflant avec leurs grands yeux lumineux.

Mon estomac gargouillait bruyamment.

Je scrutai la route d'un côté et, ne voyant aucune paire d'yeux luisants, tournai la tête pour vérifier l'autre. C'est à ce moment-là que je vis cet autre chien, posté comme moi au bord de la route, concentré sur la circulation. Je m'apprêtais à faire demi-tour et à m'enfuir quand je m'aperçus qu'il était de la même couleur que Bone et qu'il ressemblait à mon frère devenu grand (bien qu'il fût plus petit que moi) et dont la queue serait devenue charnue et pelucheuse.

Je m'approchai lentement, puis laissai échapper un jappement d'euphorie.

Le chien fit volte-face mais n'aboya pas, se contentant de m'observer tandis que je m'approchais – mais déjà je m'apercevais qu'il ne s'agissait pas de Bone : le chien en question était une femelle.

Je fis un bond en arrière et montrai les dents en grognant, mais la petite chienne me montra son arrière-train en agitant la queue, poitrail et pattes avant plaqués au sol, puis se redressa et rampa vers moi à plat ventre.

Je m'avançai doucement vers elle et lui reniflai le museau, et ma queue se mit à s'agiter aussi.

Ma nouvelle amie s'appelait Moon et ressemblait en effet beaucoup à Bone – du moins à ce qu'il devait être maintenant qu'il avait grandi. Moon et moi ne traversâmes jamais la route ce soir-là. Au lieu de cela, enhardie par la présence de cette compagnonne à mes côtés, je conduisis Moon à travers le bois jusqu'à la rangée de maisons. C'était une nuit sombre et couverte, et comme il était déjà tard, peu de maisons étaient encore éclairées ; nous traversâmes le jardin de la plus obscure d'entre elles, et c'est là que nous trouvâmes deux poubelles mal refermées.

Après un festin de restes divers et de fruits abîmés, je repris le chemin de mon repaire sous les sapins, la panse bien rebondie. Moon s'engagea sur mes talons, me suivant tout du long jusque sur mon lit de feuilles, et lorsque je me mis en boule pour dormir, elle se blottit contre moi, le museau et les pattes avant posées sur mon dos. Nous dormîmes ainsi toute la nuit, et je rêvai de Maman et de Bone dans notre vieille brouette.

Je me réveillai le matin suivant au lever du jour, avec le chant des oiseaux. Moon était toujours là sur le lit de feuilles, étendue à présent sur le ventre, la tête posée sur ses pattes avant.

Je sus alors qu'elle était là pour un moment.

Sur la route

Moon avait beau ne pas être très grande, elle était aussi téméraire, intrépide et aventureuse que l'avait été Bone. Une fois qu'elle sut où se trouvaient les poubelles, elle les pratiqua régulièrement, plus encline qu'elle était à fouiller les ordures qu'à aller chasser. A notre réveil le premier matin, je me mis immédiatement à fouiner dans les buissons en quête de petites proies. Je m'attendais à ce que Moon me suive mais cette dernière, la queue dressée, prit au contraire la direction des habitations. Chemin faisant, elle se retourna à plusieurs reprises pour me regarder, si bien qu'au bout d'un moment je finis par sortir la truffe des buissons et la rejoignis – malgré l'odeur de souris que je venais de flairer.

Arrivée à la lisière du bois, je m'assis et surveillai l'arrière des maisons, comme j'en avais pris l'habitude avant toute tentative d'approche.

Mais c'était sans compter sur Moon qui ne s'arrêta pas et traversa résolument un des jardins, sans prêter la moindre attention à la présence éventuelle d'humains ou d'autres chiens – elle me rappelait Mine. Tandis qu'elle arrivait à hauteur de la poubelle la plus proche et que je me demandais comment elle allait bien pouvoir s'y prendre pour l'ouvrir – le couvercle semblait parfaitement scellé et Moon n'était pas assez grande pour renverser la poubelle toute seule –, un claquement assourdissant se fit entendre.

Une femme chargée de deux gros sacs poubelles venait de sortir de la maison en claquant la porte derrière elle et, ses chaussons aux pieds, enjambait la pelouse mouillée. A la vue de Moon, elle se figea et laissa tomber ses sacs sur l'herbe.

— Coucou, petit chien ! s'exclama-t-elle. Qu'est-ce que tu fais là ? Où est ton maître ?

Mais Moon avait déjà disparu. En un éclair elle regagna le bois, et je l'imitai dans sa fuite, peu désireuse d'être moi aussi découverte. J'étais prête à reprendre ma chasse là où je l'avais laissée – dans le buisson où je savais y trouver une souris – quand je m'aperçus après quelques instants que mon amie n'était pas derrière moi. Je fis alors demi-tour et sans faire de bruit me glissai à nouveau à la lisière du bois.

Moon était toujours là, assise sous un arbre, les yeux fixés sur la femme. A peine celle-ci eut-elle déposé les sacs dans la poubelle et disparu à l'intérieur de la maison que Moon se hasarda à nouveau hors du bois, en choisissant cette fois la maison voisine. Deux poubelles s'y trouvaient, le couvercle rabattu ; Moon se posta entre les deux, puis elle se dressa sur ses deux pattes arrière, plaça ses pattes avant sur l'une des poubelles et à l'aide de son museau souleva le couvercle en fer qui tomba sur le sol en vibrant.

D'assise que j'étais, je bondis aussitôt sur mes quatre pattes, prête à fuir vers le bois pour la seconde fois ; mais bizarrement mes pattes me portèrent jusqu'à Moon. Une fois sur place, je renversai facilement la poubelle, et Moon et moi admirâmes notre butin : quelqu'un avait jeté un demi-jambonneau ! Nous étions en train de le dévorer bruyamment lorsque j'entendis une voix de femme.

— Regarde, c'est là ! Ah mais, ils sont deux maintenant !

J'émis un petit couinement et reculai d'un bond en grognant.

Derrière moi se trouvaient deux femmes dont celle que nous avions vue dans l'autre maison.

— C'est le petit que j'ai vu tout à l'heure, fit-elle. Je ne sais pas d'où le grand est arrivé.

— Que fait-on ? demanda l'autre femme. On appelle la fourrière ?

— J'imagine, oui.

Mais Moon et moi étions déjà à mi-chemin entre les maisons et le bois. Et ce n'est qu'une fois là-bas que je m'aperçus que Moon avait le reste du jambonneau dans sa gueule.

Après cet épisode, Moon rendit fréquemment visite aux poubelles – sans que notre précédente trouvaille fût jamais égalée. Mais nous découvrîmes que les couvercles des poubelles pouvaient être particulièrement bien vissés, et que certains humains s'étaient mis à poser des briques dessus.

Je repris donc la chasse, et la chance me sourit à nouveau. Moon, en revanche, n'était pas très douée, aussi je partageai mes prises avec elle ; mais chasser pour deux était fatiguant, et nous avions souvent l'estomac vide. Un jour, je la trouvai assise au bord de la grand-route, en train de surveiller la circulation et le centre commercial. Moon me faisait penser à Bone quand il se réveillait en pleine nuit pour écouter les coyotes dans les collines, aussi ne fus-je pas surprise lorsqu'elle quitta notre repaire le lendemain matin pour prendre la direction non pas du centre commercial ni des maisons, mais du soleil qui se levait. Je savais qu'elle ne comptait pas revenir.

Alors je décidai moi aussi de partir, car peu m'importait cet endroit comparé à la compagnie de Moon. Toutefois, ce n'était pas la même chose qu'avec Bone : j'avais suivi mon frère parce que j'étais petite et que j'avais peur ; je suivais Moon précisément parce que je n'avais plus peur. J'avais vécu seule, fait mes propres expériences – certaines même désagréables que j'aurais préféré éviter. J'avais prouvé que je pouvais me débrouiller seule : mais qui avait dit qu'il fallait qu'il en soit ainsi ?

Je quittai donc courageusement le bois qui avait été ma maison durant plusieurs lunes et suivis ma nouvelle amie.

Cette journée-là, nous marchâmes jusqu'à la sortie du bois, là où le ruisseau se déversait dans un petit étang. Une maison s'élevait de l'autre côté de l'étendue d'eau, et une autre pas très loin derrière, puis une autre, puis une autre... Toutes ces maisons étaient plus petites que celle des Merrion mais plus grandes que celle de George et de Marcy, et bien séparées les unes des autres par des jardins, des arbres imposants et des bois. La matinée avait été ensoleillée et accompagnée d'un beau ciel bleu, mais à mesure que nous progressions le long du ruisseau, le jour s'était obscurci et l'humidité puis le brouillard s'étaient progressivement installés. Il nous entourait à présent tel un voile de fumée, dissimulant par intervalles les arbres et les maisons de telle façon que nous ne les voyions que par morceaux.

Nous étions au début de l'été, les feuilles sur les arbres étaient jeunes et il avait fait plutôt doux jusque-là, voire même chaud. Assises au bord de l'étang, Moon et moi commencions à sentir le froid, aussi je me levai et m'ébrouai ; j'avais faim, mais plus que tout, je voulais me mettre au chaud et au sec. Je crus apercevoir à travers les traînées de brouillard une cabane en bord de l'étang, face à la maison. Je me mis en route, Moon à ma suite.

La cabane était bien là effectivement, mais elle était solide et la porte verrouillée : il n'y avait aucun moyen d'y entrer.

Secouées de frissons, Moon et moi rasâmes les côtés du jardin, et après avoir traversé un parterre de fleurs, nous trouvâmes une autre cabane. Mais toujours aucun moyen d'entrer.

Alors que le vent et l'air chargé d'humidité étaient en train de transformer le brouillard en pluie battante, je repérai une imposante construction, dont je sais aujourd'hui qu'il s'agissait d'une grange. Contrairement aux maisons, aucune fenêtre n'était éclairée et la grange était plongée dans l'obscurité, mais il y avait en revanche de nombreuses portes, toutes ouvertes. Moon et moi nous mîmes à courir, la pluie nous cinglant la peau, mais je m'arrêtai net devant l'une des portes : il y avait une foule d'odeurs, et chacune d'elle était autant d'informations à glaner.

Moon et moi nous tenions donc toutes les deux immobiles, la truffe en l'air : cela sentait les céréales, les souris, les chats, le foin et aussi l'homme, mais en moins prononcé ; mais surtout, il y avait une odeur prédominante que je ne parvenais pas à identifier – qui se révéla être celle des chevaux : j'en avais vu une fois ou deux sur la route près de la maison des Merrion.

Moon et moi nous faufilâmes à l'intérieur et nous mîmes à fureter partout jusqu'à ce que nous trouvions finalement un coin au chaud et au sec près d'une porte – en prévision d'un éventuel départ précipité, et aussi loin que possible des autres animaux. Nous passâmes la nuit là. Le lendemain matin, le soleil et la chaleur étaient revenus ; mon amie et moi reprîmes notre route après avoir chapardé un peu de nourriture.

Moon et moi voyageâmes ensemble plusieurs jours au gré des routes et des cours d'eau, veillant bien à rester loin des routes pour éviter d'être vues. Nous traversâmes des bois et des prairies, et lorsque nous passions une ville ou une ferme, nous en profitions pour chercher à manger et un endroit sec pour la nuit. Il nous arrivait bien de rester au même endroit durant plusieurs jours, mais la plupart du temps nous étions sur la route, trottant épaule contre épaule.

Prises au piège

C'était le plein été lorsque Moon et moi arrivâmes sur une aire de repos en bord d'autoroute. Les journées, encore longues, commençaient à raccourcir, les feuilles des arbres avaient pris une teinte poussiéreuse et les criquets, sauterelles et autres insectes stridulants faisaient un tel vacarme la nuit que j'avais parfois du mal à me concentrer pour guetter les prédateurs éventuels.

Ce jour-là, Moon et moi avions marché durant des heures dans les bois, longeant une autoroute dont nous restions à bonne distance. Nous avions faim et étions fatiguées, nos oreilles et nos queues étaient pleines de teignes, et Moon avait marché sur un bout de bois pointu qui lui faisait saigner la patte.

Elle était en train de lécher sa plaie, assise près d'un tronc mort, lorsque je flairai une première bouffée d'ordures. L'odeur m'avait percutée tandis que je somnolais à l'ombre, les yeux mi-clos, mais je fus aussitôt sur mes pattes, aspirant profondément une seconde bouffée. Malgré la tentation de me ruer vers cette délicieuse odeur, j'avançai néanmoins avec prudence : j'avais également senti une odeur d'homme.

Après un dernier coup de langue sur sa plaie, Moon s'engagea à ma suite et nous traquâmes l'odeur au travers des bois, avant de déboucher sur une sorte de clairière – je pouvais entendre le bruit d'une route à proximité, mais elle restait encore invisible. Au milieu de cet espace découvert se trouvaient plusieurs tables en bois avec des bancs, une petite construction où les humains allaient aux toilettes, et plein de poubelles ; à côté, une étendue d'asphalte pareille à celle du centre commercial, où étaient garées des voitures. J'avais déjà croisé sur ma route des endroits semblables : les voitures quittaient l'autoroute pour venir se garer, puis les gens sortaient de leur voiture et allaient s'installer aux tables en bois pour manger ce qu'ils avaient apporté dans des sacs et des boîtes ; mais ils bavardaient aussi, ou s'étiraient. Voilà comment je savais que nous étions sur une aire de repos.

Il n'y avait que deux personnes assises à une table en train de manger, mais nous les vîmes se lever au bout de quelques minutes, débarrasser la table de tous les papiers d'emballage, sacs et canettes et les jeter dans la poubelle la plus proche, avant de regagner leur voiture. A peine se furent-ils éloignés que Moon et moi nous ruâmes sur la première poubelle et la renversâmes. Nous avions appris que les restes de pique-nique pouvaient se révéler fameux, aussi Moon s'introduisit dans la poubelle et se mit à en ramener le contenu sur l'herbe avec sa patte : des trognons de pomme, des restes de sandwichs, des paquets de chips à moitié vides, des œufs durs, des miettes de biscuits et un morceau entier de fromage.

Je bondis sur le fromage tandis que Moon s'emparait d'un bout de sandwich, et nous mangeâmes avec voracité, nous interrompant uniquement pour guetter de temps à autre le bruit d'un véhicule en approche.

Moon fourrageait à nouveau dans la poubelle pendant que j'étais devant en train de manger un bretzel lorsqu'un premier grognement se fit entendre. Jaillissant aussitôt de la poubelle, elle me percuta et me fit lâcher mon bretzel, et je me retournai, le poil hérissé.

C'était le crépuscule, cette heure où les ombres s'allongent et la lumière du jour s'affaiblit, où notre perception est susceptible de nous jouer des tours. Me tournant dans la direction du grognement, je ne vis d'abord que les toilettes des humains puis, au-delà, le bois par lequel nous étions arrivées. Mais ensuite je crus voir quelque chose bouger.

Le grognement se fit plus fort, et c'est là que je distinguai des paires d'yeux briller dans les bois – un lampadaire venait de s'allumer et sa lumière les faisait luire dans l'obscurité. Il y en avait tellement que je sentis mon corps tressaillir et ma respiration s'accélérer, et à peine eus-je tourné la tête vers Moon qu'une meute de chiens surgit du crépuscule tous crocs dehors, grognant et aboyant.

En un instant Moon et moi prîmes la fuite dans la direction opposée, courant toujours droit devant, sans réfléchir vers où ni se soucier d'être vues. Jamais je n'avais couru aussi vite de ma vie : je sentais à peine le sol sous mes pattes, ma poitrine se soulevait rapidement et mon souffle était court et rapide, et j'avais les oreilles plaquées en arrière par la vitesse. A deux reprises, je jetai un œil par-dessus mon épaule pour m'assurer que Moon me suivait et accélérai ma course dès que je la voyais. Les chiens étaient à nos trousses, je le savais, mais nous étions plus rapides qu'eux.

Soudain, une autoroute surgit devant nous, avec des voitures circulant à pleine vitesse dans les deux sens. Je m'arrêtai net, et Moon me percuta par-derrière – nous avions manqué de peu nous retrouver au beau milieu de tous ces camions et ces voitures, dans cette frénésie de roues et de métal.

Nous fîmes immédiatement demi-tour et reprîmes notre course. Malheureusement, la nuit commençait à tomber et je ne savais plus très bien dans quelle direction se trouvait l'aire de repos. Il y avait bien cette odeur de nourriture que je sentais, mais elle me paraissait trop prononcée pour être celle des poubelles que nous venions de fuir, aussi je décidai de la suivre. Mais soudain, les mêmes chiens enragés apparurent partout devant nous : nous étions effectivement revenues à notre point de départ.

Les chiens étaient affamés et prêts à tout, mais surtout ils étaient nombreux : à peine nous eurent-ils repérées qu'ils se ruèrent vers nous et nous encerclèrent, rendant toute fuite impossible. Une fraction de seconde avant que la bagarre n'éclate, la scène sembla se figer devant mes yeux, et je pus voir distinctement chacun des chiens. Il y en avait de toutes les tailles et de toutes les formes, mais tous sans exception se tenaient bien raides sur leurs pattes, les oreilles plaquées en arrière, les babines retroussées et le poil hérissé. Leurs côtes et tout leur squelette ressortaient, dessinant un relief noueux sous la peau, leur pelage était sale et irrégulier – l'un d'entre eux donnait d'ailleurs l'impression de ne pas en avoir du tout – et leurs yeux étaient pleins de sécrétions et larmoyants.

Je me collai contre Moon, au point de sentir la chaleur de son corps. Sa respiration était rapide, et elle aussi se tenait bien raide sur ses pattes et les oreilles plaquées en arrière, un rictus aux babines. Moon était la plus petite d'entre nous.

Je remarquai tout cela comme si le temps s'était suspendu. Puis soudain, tout se remit en mouvement et les chiens fondirent sur nous en claquant des mâchoires pendant que je retroussai les babines. L'un d'entre eux me sauta dessus et nous roulâmes tous les deux sur l'asphalte, toutes griffes dehors, grognant et jappant. Je lui plantai les crocs dans le flanc mais sentis aussitôt les siens s'enfoncer dans mon cou.

Deux autres chiens foncèrent sur Moon et la projetèrent au sol avant de se jeter sur elle, se fondant tous les trois en un tourbillon de fourrure, de crocs et de griffes. Je l'entendis gémir, mais l'un de ses assaillants poussa immédiatement un couinement lui aussi et bondit en arrière, avant de s'écrouler à terre, pantelant. Le second recula à son tour et, voyant Moon continuant de s'approcher, partit se réfugier en claudiquant derrière une poubelle.

La chienne qui m'avait mordue se tenait à présent face à moi, prête à charger pour la seconde fois. Je la pris cependant au dépourvu en attaquant la première, et mes mâchoires se refermèrent sur son épaule décharnée ; un cri aigu retentit, et la chienne se dégagea de mon emprise avant de battre en retraite. Je me mis à chercher Moon du regard mais sentis tout à coup un choc violent derrière la tête : les chiens les plus gros de la meute venaient de me sauter dessus, et nos têtes s'étaient entrechoquées. Une de mes incisives se planta dans mes babines et ma tête s'écrasa sur l'asphalte. Coincée sous cette pyramide de corps et de membres, je ne voyais plus rien et suffoquais.

Pourtant, sans que je sache pourquoi, les chiens se dégagèrent subitement de mon dos et se sauvèrent. C'était Moon. Ma fidèle amie se tenait à côté de moi en train de grogner, menaçant nos assaillants de ses babines retroussées.

Malgré leur défection, ces vieux chiens fatigués et mal portants s'étaient pourtant bien fait comprendre, et leurs yeux restèrent rivés sur Moon et sur moi jusqu'à ce que nous ayons quitté l'aire de repos, leur territoire. Alors seulement se détournèrent-ils pour repartir à leurs poubelles.

Moon et moi avancions aussi vite qu'il nous était possible, mais je n'avais plus la force de courir. Nous progressions toutes les deux en clopinant, laissant l'aire de repos dans notre dos, encadrées par l'autoroute d'un côté et le bois de l'autre. Bientôt, pourtant, il me devint impossible de faire un pas de plus et je dus m'asseoir dans l'herbe.

Moon me donna plusieurs coups de museau sans que je réagisse et prit finalement la direction des bois, m'invitant à la suivre. Elle nous fraya avec précaution un passage à travers les buissons, puis se laissa lourdement tomber sur un petit lit de feuilles qui se trouvait là. L'idée me traversa l'esprit qu'il s'agissait peut-être du repaire d'une biche, mais c'était bien le dernier de mes soucis en cet instant, et je me laissai tomber moi aussi.

Je respirais toujours péniblement, et chaque partie de mon corps me faisait souffrir. Je me mis à lécher Moon à la recherche de ses blessures, et elle me lécha en retour, car nous saignions toutes les deux de multiples coupures et griffures. Aucune de ses morsures ne semblait très profonde, en revanche, l'une de ses oreilles était déchiquetée ; quant à moi, j'avais une patte avant entaillée que Moon repéra et se mit à lécher.

Au bout d'un moment, cependant, chacune se mit à s'occuper de ses propres blessures. Quand le goût du sang finit par s'atténuer, je décidai de me reposer et posai la tête sur mes pattes avant. Moon arrêta elle aussi de se lécher et se roula en boule, son dos contre ma poitrine.

Un sommeil lourd nous emporta, là sur ce lit de feuilles, dans ces bois étranges, et ce, malgré nos corps endoloris, nos têtes lancinantes et la sécheresse de nos bouches. Au-dessus de nous, la lune venait de descendre dans le ciel, les grillons chantaient, les chouettes hululaient et chassaient. Je crois bien que la biche revint à son repaire et nous observa durant un moment, avant de s'éclipser sans faire de bruit.

Moon et moi dormîmes d'un sommeil de plomb.

La convalescence

Cette nuit-là, je dormis et léchai mes plaies tour à tour, sans répit, prise entre éveil et sommeil, rêves et cauchemars.

Des visions tournoyaient dans ma tête. Mon corps meurtri flottait haut dans les airs, et je voyais tout en bas la meute de chiens et mon ancien repaire dans les bois, et aussi le centre commercial et la maison de George et de Marcy ; puis soudain je me retrouvais au-dessus de la maison des Merrion avec les hirondelles virevoltant autour du toit et des cheminées, et je pouvais sentir leurs ailes me frôler.

Sur la pelouse tout en bas lisait Matthias, assis à l'ombre d'un arbre, tandis que l'autre garçon et la petite fille bruyante s'amusaient à s'arroser l'un l'autre avec un tuyau d'arrosage en riant et en criant. Un jet d'eau atteignit Matthias et il se leva d'un bond, faisant tomber par terre le livre qu'il avait sur les genoux ; alors il se mit à glisser sur l'herbe tel un serpent et se faufila sous la remise.

Subitement, le ciel, les hirondelles et le toit s'évanouirent et je me retrouvai en train de flotter sous la charpente de la remise, regardant en bas Maman, Bone et moi-même en train de dormir, la respiration profonde et régulière. Une des pattes de mon frère se contractait dans son sommeil ; il rêvait, tout comme je rêvais moi-même de lui en train de rêver. Une souris émergea d'un petit trou près d'une poutre du toit et alla se mettre en trottant juste à la verticale de Maman, d'où elle se mit à nous observer avec gravité, avant de s'éclipser lorsque Maman, imitée par Bone et moi, remua dans son sommeil.

C'est alors que je me sentis aspirée vers le sol dans une chute vertigineuse et que je me réveillai en un violent sursaut – Moon tressaillit et se retourna, léchant dans un demi-sommeil la morsure de sa patte arrière. A peine rendormie, je me retrouvai à nouveau dans la remise, mais cette fois Maman n'était plus là et Bone et moi étions seuls sur nos sacs de toile.

Matthias venait de se glisser sans bruit par la porte et tendait sa main vers nous, et lorsqu'il l'ouvrit, une hirondelle apparut, posée sur sa paume. Il la déposa par terre puis s'en alla, et l'hirondelle s'envola vers les poutres du toit. Je la suivis du regard et me retrouvai instantanément dehors dans les bois, en train de chasser avec mon Bone. J'avais faim et mon estomac gargouillait, mais nous n'arrivions pas à trouver le tas d'ordures ; j'avais soif aussi, et ma langue était complètement desséchée.

Tout à coup, j'ouvris les yeux. Moon n'était plus à côté de moi : j'étais seule sur le lit de feuilles. Je donnai quelques coups de langue sur mes pattes puis retombai aussitôt dans le sommeil. Le temps s'écoula, ponctué tour à tour de phases de sommeil, de rêve, d'éveil et de coups de langue sur mes blessures. Parfois, Moon était là lorsque j'ouvrais les yeux, d'autres fois le lit de feuilles était vide ; parfois aussi il faisait jour, le soleil brillait à travers les feuillages des arbres, et d'autres fois le bois était plongé dans l'obscurité, à peine altérée par l'éclairage de la lune. Je dormis ainsi deux jours et deux nuits de suite ; Moon resta tout le temps à mes côtés, ne s'éloignant jamais très loin lorsqu'elle quittait notre repaire.

Le troisième jour, j'émergeai d'un rêve où je m'imaginais trouver dans les ordures un gâteau recouvert de glaçage blanc quand je m'aperçus que mon corps me faisait moins souffrir. Je décidai donc de me lever et posai avec précaution mes pattes abîmées sur le sol. Moon qui somnolait à côté de moi se leva d'un bond, et après avoir posé sa truffe contre la mienne se mit à me lécher le museau. En retour, je donnai des coups de langue sur son oreille, là où s'était formée une croûte à l'endroit de son entaille, puis sortis enfin du lit de feuilles.

Mon estomac vide gargouillait et ma langue était sèche et pâteuse. J'étais un peu chancelante et ne me sentais pas en mesure d'aller chasser, cependant, j'ignorais s'il y avait des poubelles dans les environs, ou même un ruisseau ou une flaque.

J'étais sur le point de me laisser retomber sur le tapis de feuilles quand Moon me poussa vers l'avant d'un coup de museau et s'engagea dans les bois d'un air déterminé. Elle me conduisit sur les bords d'un petit ruisseau où je m'abreuvai jusqu'à plus soif avant de pénétrer dans l'eau pour y laisser tremper mes pieds endoloris. Je me revoyais le jour de notre départ de la propriété des Merrion en train de poursuivre Bone dans un autre ruisseau, quand nous étions encore des petits chiots en pleine santé. A présent, mes pattes me donnaient l'impression d'être plus lourdes que jamais, et je me sentais incapable de courir, chasser ou même jouer.

Je franchis le ruisseau en marchant sur les rochers qui sortaient de l'eau et regagnai la rive pour m'asseoir près de Moon. Celle-ci me regardait quand soudain elle dressa la tête, son attention attirée par quelque chose : en un instant Moon était déjà à quelques mètres, la tête enfouie dans une touffe d'herbes hautes. Elle en émergea avec un gros campagnol dans la gueule, qu'elle vint déposer à mes pieds avant de replonger dans l'herbe et d'en ressortir avec un deuxième rongeur. Moon, qui en temps normal évitait de chasser, venait de débusquer un repas rien que pour moi.

J'étais en voie de guérison. Grâce à Moon – ma pauvre petite Moon avec son oreille entaillée –, je recouvrais petit à petit mes forces. Mes ecchymoses disparurent et bientôt, il ne resta plus de mes diverses griffures et morsures que de petites zones dépourvues de poils.

Notre séjour dans les bois se prolongea, jusqu'à ce qu'un beau matin, nous sûmes en nous réveillant que le moment était venu pour nous de partir. Nous reprîmes alors notre route à travers les bois en longeant l'autoroute. Comme avant.

Chiens de ville

L'été touchait à sa fin. Moon et moi étions toujours sur les routes. Nous traversions des jardins de chrysanthèmes et de crocus d'automne en fleur, des champs dont les herbes hautes étaient devenues cassantes et bruissaient dans le vent, et des bois où les feuilles des arbres que nous avions vues s'assécher et changer de couleur tombaient en nous tourbillonnant autour des pattes. Le froid s'installait, et avant que je m'en aperçoive, il nous fallait déjà recommencer à chercher un abri où dormir au chaud le soir, et en sécurité.

Jusqu'où nous portèrent nos errances, je n'en ai aucune idée, je sais seulement que nous n'avons cessé de marcher, encore et encore. L'oreille de Moon cicatrisa et la croûte tomba, mais il restait une cicatrice où seuls quelques poils étaient reparus. Mes poils aussi repoussèrent, recouvrant toutes mes cicatrices à l'exception d'une longue balafre incurvée sur une de mes pattes avant, qui ne devait plus jamais disparaître – tout comme le souvenir de ces chiens affamés et désespérés à chaque fois que je la regardais.

Un jour que nous traversions le champ d'un fermier – il faisait sombre et humide, mais les feuilles étaient encore accrochées aux branches –, quelque chose de mouillé et de froid me tomba sur le bout du museau. J'essayais de l'atteindre avec ma langue quand je sentis un petit picotement de froid à l'oreille, puis dans le dos. Je me tournai alors vers Moon : son pelage était parsemé de petits cristaux.

La neige était arrivée.

Il était pourtant encore tôt, les arbres n'étaient pas complètement dépouillés et les fleurs tardives étaient encore ouvertes. Cette première neige fondit très vite, mais il en tomba davantage la nuit suivante.

Plusieurs jours s'écoulèrent, et un soir Moon et moi arrivâmes à l'entrée d'une petite ville. Cachées dans d'épaisses broussailles, nous observions une rue bordée de maisons quand nous remarquâmes qu'il s'y passait un phénomène étrange : la nuit était tombée, pourtant, la rue était remplie d'enfants. Tous tenaient des sacs dans les mains et portaient des vêtements que je n'avais jamais vus jusque-là. Malgré la faim, Moon et moi n'osions bouger. Certains d'entre eux avaient le visage peint, d'autres des habits brillants, d'autres encore des chapeaux sur la tête. En regardant avec attention, je m'aperçus que l'un d'entre eux s'était habillé pour ressembler à un serpent et qu'un autre ressemblait à un chat. Je vis également passer un chien, et même un cornet de glace.

Les enfants criaient, riaient et s'appelaient les uns les autres. Ils se présentaient en petits groupes aux portes des maisons et criaient : « Des bonbons ou une farce ! », puis ils tendaient leurs sacs ouverts et les gens y jetaient je ne sais quoi.

Moon et moi étions toujours postées dans les bois quand je sentis à nouveau de petits cristaux glacés sur le museau.

« Il neige ! Il neige ! » se mirent à crier les enfants, et ils continuèrent à arpenter la rue avec leurs sacs, sautillant au gré des petits tourbillons blancs qui se formaient autour de leurs pieds et sortant la langue, la tête rejetée en arrière, pour attraper des flocons avec.

Il nous fallut attendre longtemps cette nuit-là que le dernier enfant soit rentré et toutes les lumières des maisons éteintes pour pouvoir enfin quitter notre cachette. En parcourant la rue, nous trouvâmes beaucoup de nourriture – laissée par les enfants –, mais sans y toucher pour autant : il n'y avait que du chocolat, et je savais de mes expériences passées que malgré son goût délicieux il me rendait toujours un peu malade.

Nous repartîmes le lendemain, sillonnant les bois durant plusieurs jours tandis que la neige précoce continuait de tomber et que la lune, d'abord ronde et pleine, se réduisait progressivement en un fin croissant de lumière dans le ciel glacial. Un jour, j'observais Moon en train de dormir quand je me rendis compte que ses côtes ressortaient. Cette neige inattendue avait rendu la chasse difficile, et le hasard ne nous avait pas fait croiser de poubelles depuis un moment. Je ne pus m'empêcher de voir à sa place un de ces chiens efflanqués de l'aire de repos : combien de temps avant que mon amie devienne à son tour aussi désespérée qu'eux ?

Moon était épuisée, elle ne marchait plus autant que durant l'été qui avait précédé. Je lui donnai un léger coup de museau pour l'inciter à se lever, mais Moon émit un petit grognement et me tourna le dos. Je la laissai se reposer une journée puis décidai de quitter notre abri dans la forêt, sachant pertinemment qu'elle me suivrait.

Nous étions donc reparties, mais cette fois je laissai mon odorat nous guider, espérant capter la piste d'une ville. Il nous conduisit en premier lieu à une route assez fréquentée, mais qui n'était pas une autoroute. Moon et moi la suivîmes en essayant de rester à l'abri des regards, jusqu'au moment où, arrivée en haut d'une petite colline, je distingue une ville au creux d'une vallée – ou plutôt des toits, des cimes d'arbres et les clochers d'une église. C'est là que nous quittâmes la route pour descendre la colline. Nous traversâmes des bois et des champs en maintenant le cap sur la ville droit devant, et en faisant une brève halte dans les poubelles d'une station-service, avant de poursuivre notre route.

Le soleil couchant jetait ses derniers rayons dans l'air froid de la fin d'après-midi quand Moon et moi atteignîmes enfin l'extérieur de la ville. Postée dans un champ à proximité, je me mis à surveiller l'endroit – un foyer potentiel pour l'hiver.

Ce fut en effet dans cette ville – Claremont, comme je l'appris plus tard – que Moon et moi élûmes domicile pour l'hiver. Claremont n'avait qu'une seule avenue principale, Nassau Street, qui était bordée de commerces, de restaurants et de petites boutiques et recoupée par plusieurs rues adjacentes, dont les maisons tournaient le dos aux bois et aux collines. A chaque extrémité de l'avenue se trouvait un large bâtiment, dont nous découvrîmes plus tard qu'il s'agissait en fait d'un supermarché et d'une école – les deux endroits disposant de poubelles de premier choix.

Cette ville était l'endroit idéal pour des chiens l'hiver. Moon et moi trouvions de la nourriture en abondance : les poubelles se remplissaient vite, et il y avait toujours la possibilité de chasser si nécessaire. Les abris étaient nombreux : vieilles remises, cabanes de rangement et garages vides, sans oublier les bois si nous préférions rester plus à l'écart des hommes.

Je ne m'étais jamais imaginée en chien de ville, mais par un hiver aussi rigoureux, Claremont était un endroit agréable où vivre. Moon et moi passions beaucoup de temps à observer Nassau Street depuis nos caches secrètes : parfois pour guetter le danger, parfois pour repérer de la nourriture, et parfois simplement pour le plaisir.

Notre vie à Claremont était bien réglée. Tous les matins ou presque, après avoir déniché notre petit déjeuner, nous rasions les murs des maisons jusqu'à Nassau Street où nous nous cachions dans un bosquet d'arbres planté entre une librairie et une bijouterie. Là, nous regardions la ville se réveiller. L'homme qui tenait la bijouterie s'appelait Robert, et la propriétaire de la librairie, Lisa. Chaque matin, Robert et Lisa arrivaient en même temps et se saluaient d'un « Bonjour ! », puis ils allaient s'acheter un café à emporter et revenaient ouvrir leur boutique respective.

D'autres travailleurs apparaissaient à tous les coins de rue, et d'autres boutiques et commerces ouvraient eux aussi : le magasin de chaussures, le magasin de jouets, la librairie-papeterie, le vendeur de sandwichs, les restaurants, le cinéma, la bibliothèque, etc. Quelques endroits, cependant, restaient pour nous un mystère : on y voyait des gens assis derrière des bureaux en train d'écrire devant des écrans clignotants, et des hommes et des femmes de la rue y entrer, échanger avec eux quelques paroles et des papiers, puis ressortir – ce n'était toutefois pas aussi intéressant que le magasin de jouets, ou mieux encore, que les restaurants.

Une boutique en particulier nous intéressait. Cela s'appelait *The Wagging Tail*, mais Robert l'appelait « l'animalerie ». Moon et moi l'avions inspectée le plus rigoureusement possible en promenant le soir notre museau devant ses portes de devant et de derrière, quand Nassau Street était déserte. En fait, *The Wagging Tail* ne vendait pas d'animaux mais toutes sortes d'objets pour animaux : des aliments pour chiens, chats, oiseaux, poissons et cochons d'Inde, des jouets (comme ceux que Matthias nous apportaient), et même des vêtements ! Un jour où il pleuvait, j'avais vu un petit chien blanc tout frisé entrer dans la boutique avec son maître et en ressortir vêtu d'un ciré jaune, pour ne pas se faire mouiller ; toutes tremblantes sous nos buissons ruisselants d'eau, Moon et moi l'avions regardé descendre la rue avec son ciré neuf en train de mâchonner un biscuit pour chien.

Au milieu de la journée, quand le soleil était à son zénith, les gens de Claremont sortaient déjeuner, et les gens qui faisaient des courses se précipitaient à la boulangerie ou dans un restaurant. Robert allait invariablement s'acheter un sandwich de pain de seigle au poulet, une soupe de pois cassés et un café, qu'il ramenait à la boutique et mangeait derrière le comptoir. Et comme il ne finissait presque jamais son repas, Moon et moi apprîmes très vite qu'il y avait des restes de sandwich à récupérer dans la poubelle qu'il sortait le soir.

En fin d'après-midi l'école se terminait, et certains des enfants les plus grands dévalaient Nassau Street en courant pour aller soit au magasin de bonbons, soit à la boulangerie, soit à la librairie. Deux sœurs, Amanda et Sarah, s'arrêtaient toujours devant le magasin de jouets pour en admirer la vitrine avant de prendre la direction de la bibliothèque où leur mère travaillait – ce que nous apprîmes plus tard. Jamais elles ne rentraient dans la boutique, elles ne faisaient que s'arrêter et regarder.

Quand le jour commençait à décliner, les magasins de Claremont fermaient ; chacun leur tour, Robert, Lisa et les autres commerçants éteignaient les lumières de leur boutique, baissaient les rideaux de fer puis rentraient chez eux, à pied ou en voiture. Beaucoup plus tard dans la soirée, une fois la ville recouverte par le silence et l'obscurité, Moon et moi nous mettions alors en quête de nourriture. Parfois nous croisions d'autres chiens lancés dans la même activité, mais à l'inverse du petit chien blanc frisé fringant et bien en chair, ceux-là semblaient maigres et las ; toutefois, ils nous laissaient tranquilles, et nous aussi. Moon et moi passions toutes les rues en revue, fouillant la moindre poubelle, reniflant le moindre recoin, depuis l'épicerie jusqu'à l'école à l'autre bout de la ville. Nous trouvions généralement toujours de quoi remplir nos estomacs, et ensuite nous nous mettions en quête d'un abri où dormir au chaud et au sec pour la nuit.

A notre arrivée à Claremont, j'avais remarqué qu'un grand nombre de portes de maisons étaient ornées de bouquets d'épis de maïs ou de couronnes de chrysanthèmes séchés. Mais au bout de quelque temps – suffisamment longtemps pour que nous apprenions à connaître Robert, Lisa, Amanda, Sarah et aussi les habitudes de notre ville –, les décorations changèrent. Le maïs et les chrysanthèmes furent décrochés et remplacés par des couronnes d'aiguilles de sapin avec de gros nœuds et des clochettes étincelantes. Robert passa une matinée entière à suspendre des branches de sapin autour de sa vitrine et Lisa accrocha des lumières dans sa devanture ; en centre ville le grand sapin situé entre la bibliothèque et la poste fut lui aussi décoré de cordons de lumières. Les gens étaient plus nombreux en ville à faire leurs courses, circulant avec empressement et les bras chargés de sacs et de paquets, affairés mais la mine réjouie et enthousiaste.

Sarah et Amanda, qui jusque-là s'étaient toujours arrêtées devant la vitrine de jouets, entrèrent finalement dans la boutique. Lorsqu'elles repassèrent la porte, elles portaient chacune un petit sac et bavardaient en passant d'un sujet à l'autre, Amanda chantonnant un petit air.

— Tu n'as pas regardé, j'espère ? fit Sarah avec un grand sourire.

— Mais non ! répondit Amanda. Et toi ?

— Non.

— Je pense qu'il me reste assez pour acheter quelque chose à maman, mais je ne suis pas sûre.

— Moi, c'est pareil.

— On n'aura qu'à aller au grand magasin demain pour voir le prix du parfum.

Quelques jours plus tard, les gens étaient encore en train de déjeuner ou de prendre leur café du matin lorsque les portes de l'école s'ouvrirent et déversèrent un flot d'enfants sur l'avenue.

— C'est les vacances ! hurlèrent certains.

— Plus que trois jours avant Noël ! crièrent deux garçonnets.

Amanda et Sarah dévalèrent Nassau Street, leurs écharpes bleues flottant dans le vent, mais au lieu de s'arrêter devant la vitrine de jouets, elles entrèrent dans la boulangerie et en ressortirent avec des biscuits en forme d'humain.

Deux jours après, à l'heure de la fermeture des magasins, quelque chose d'inhabituel se produisit encore : les habitants apparurent de tous côtés et envahirent les rues de Claremont. Serrées l'une contre l'autre dans notre cachette, Moon et moi nous mîmes en retrait, terrifiées à l'idée que l'on nous découvre, mais les gens étaient trop occupés à scruter le bas de la rue.

— Joyeux Noël !

— Joyeuses fêtes !

Sarah et Amanda arrivèrent un peu plus tard, tirant leur mère par la main.

— Est-ce qu'on l'a raté ? demanda Sarah. On ne l'a pas raté, hein, maman ?

— Mais non, bécasse, la parade n'a même pas encore commencé, intervint Amanda.

— Mais si, regardez, ça commence ! cria Sarah d'une voix perçante. Regardez !

La foule exaltée devint soudain silencieuse. Moon et moi tentions de voir ce qui se passait : en bas de l'avenue un groupe de personnes chantaient, suivies par d'autres qui étaient installées sur de drôles de voitures et jetaient des paquets aux enfants sur le trottoir.

— Ça y est, je le vois ! s'écria soudain Sarah. Je vois le Père Noël !

Moon et moi ne pouvions voir ce « Père Noël » dont on ignorait qui il était, mais les gens se pressaient encore plus les uns contre les autres pour l'apercevoir. Des dizaines de paires de jambes, voilà tout ce que nous voyions. Soudain, les acclamations et les applaudissements reprirent. Puis la parade prit fin et la foule se dispersa dans la ville.

Quand la voie fut dégagée, Moon et moi nous hasardâmes sur Nassau Street ; le silence était tombé sur Claremont, la ville était redevenue calme, aussi nous nous mîmes à longer les trottoirs en reniflant, trouvant sur notre chemin une moufle, deux chapeaux et quelques bonbons rayés très parfumés en forme de canne que nous léchâmes. La parade m'avait rendue nerveuse, mais sentant mon courage revenir avec le retour du calme, j'effleurai Moon du bout de la truffe et nous nous mîmes en quête de poubelles.

Le long hiver

Après que Moon et moi nous fûmes offert un bon dîner – les restes du sandwich de Robert, plus des miettes croustillantes trouvées dans un paquet ouvert devant la porte de derrière de *The Wagging Tail* – nous retournâmes sur Nassau Street. Jamais encore nous ne nous étions promenées aussi librement sur l'avenue principale de Claremont, que ce fût de jour ou même de nuit. Il n'y avait pas un seul être humain en vue. La plupart des vitrines devant lesquelles nous passions étaient éclairées et laissaient voir des personnes inanimées vêtues d'habits colorés, mais aussi des décorations scintillantes, des jouets, des sucreries ou encore des rubans.

En arrivant à l'angle de la boulangerie, nous tournâmes dans une rue qui s'appelait Tinker Lane. La plupart des maisons y étaient elles aussi éclairées, toutefois, encouragées par le calme ambiant de cette nuit particulière, Moon et moi nous arrêtions devant les fenêtres pour voir ce qui s'y passait. Ce n'était pas la première fois que nous regardions à l'intérieur des maisons des hommes, mais bien la première fois que nous y voyions des sapins ! Ceux-là étaient plus petits que celui de Nassau Street, mais ils portaient les mêmes cordons de lumières et les mêmes décorations étincelantes que le grand arbre de l'avenue. Les habitants des maisons étaient souvent debout près de leur sapin en train de rire ou simplement de sourire ; dans l'une d'entre elles, nous vîmes une fillette sauter partout de joie, et dans une autre, un petit garçon qui nouait un ruban autour du cou d'un chien noir tout frisé.

Moon et moi déambulâmes dans les rues toute la nuit, et lorsque toutes les fenêtres se furent éteintes, nous partîmes dormir sur le parking du supermarché, pelotonnées entre deux bennes à ordures.

Il neigea un peu cette nuit-là, juste assez pour recouvrir d'une couche immaculée la neige qui était déjà tombée. Seuls quelques flocons nous atteignirent dans notre cachette, si bien que Moon et moi nous réveillâmes le lendemain matin le corps réchauffé et pratiquement sec.

Nous étions sur le point de nous glisser sur le parking, les oreilles à l'affût du moindre signe d'humains ou de chiens, quand des voix se firent entendre – et nous replongeâmes illico dans notre cachette.

— Je les vois ici tous les matins, disait une femme.

— Combien crois-tu qu'ils sont ? répondit une voix d'homme.

— Ça dépend, dit la femme, parfois il n'y en a que deux, parfois ils sont cinq ou six. J'ai l'impression qu'ils se méfient les uns des autres. Mais ils continuent quand même de venir.

— Je trouve ça très généreux de ta part de faire un cadeau de Noël à des chiens errants.

Je perdis la conversation pendant une ou deux minutes, aussi je sortis la tête d'entre les bennes et me tournai en direction des voix. L'homme et la femme se tenaient là, elle très grande et lui très petit, vêtus tous les deux d'habits chauds – écharpes, moufles, manteaux longs et bonnets tricotés –, et ils remplissaient des barquettes d'aluminium à l'aide d'une cuillère.

Mon odorat identifia instantanément la chose : c'était de la viande hachée.

— Ce n'est pas de leur faute s'ils vivent dans la rue, dit la femme, et ce n'est pas juste qu'ils aient à faire les poubelles tout le temps. Certains meurent pratiquement de faim, ajouta-t-elle.

Moon et moi attendîmes patiemment. Quand la femme eut fini de remplir les barquettes, elle et l'homme les placèrent à plusieurs endroits sur le parking, puis ils montèrent dans une voiture et s'en allèrent.

A la seconde où la voiture disparut de notre vue, Moon et moi nous jetâmes sur la première barquette que nous vîmes. Trois autres chiens surgirent à leur tour de leurs propres cachettes, et en l'espace de quelques instants toute la viande s'était envolée. Les autres chiens aussi.

C'est le moment que choisit le soleil pour apparaître dans le ciel, aussi Moon et moi nous chauffâmes à ses rayons, l'estomac bien rempli.

Nous passâmes la nuit – je sais à présent que c'était la nuit de Noël – au même endroit que la veille, entre les deux bennes. Mais le lendemain matin, nous fûmes réveillées plus tôt qu'à l'ordinaire par des bruits de voix : la femme était revenue. Elle était accompagnée cette fois-ci d'une autre femme, avec les cheveux les plus longs que j'aie jamais vus.

— Regarde, fit la femme de la veille, toutes les barquettes sont vides !

— Oui, et soigneusement léchées !

— Dépêchons-nous de les remplir avant que le supermarché n'ouvre. Je ne pense pas que les chiens sortiront s'ils voient du monde.

— Oui, et surtout, avant que quelqu'un ne nous voie, ajouta la femme aux longs cheveux.

Les deux femmes firent le tour du parking en hâte, remplissant de viande hachée les barquettes dispersées, et une fois leur travail terminé montèrent dans une voiture et démarrèrent. Cependant, contrairement à la fois précédente, la voiture s'arrêta un peu plus loin, en bord de parking. Moon et moi attendîmes un moment mais la voiture ne bougeait pas, si bien que lorsque deux molosses apparurent et se ruèrent sur les barquettes, nous bondîmes à notre tour – fort heureusement, car deux nouveaux chiens arrivèrent entre-temps.

Les barquettes furent une fois de plus vidées en un rien de temps, et la voiture démarra.

Le lendemain, elles étaient de retour.

— J'ai apporté des barquettes supplémentaires, fit la grande femme, et aussi une plus grande quantité de viande. Je ne pensais pas que les chiens avaleraient tout ça aussi vite.

— Peut-être devrions-nous venir deux fois par jour, suggéra la femme aux longs cheveux.

— C'est une très bonne idée, mais par contre il va falloir passer à la nourriture pour chiens. La viande fraîche revient trop cher.

— De toute façon, la viande seule ne suffit pas, il leur faut aussi plus de vitamines.

C'est ainsi que la chance nous sourit enfin, du moins pendant quelque temps.

Les deux femmes et leurs amis venaient chaque matin et chaque soir sur le parking du supermarché, avant l'ouverture et après la fermeture, et laissaient des gamelles de nourriture fraîche et de croquettes à la disposition des chiens errants qui avaient élu domicile à Claremont.

Moon et moi continuions néanmoins d'éviter les autres chiens. Certes, nous les croisions sans arrêt puisque nous allions tous chercher notre nourriture aux mêmes endroits de la ville – qu'il s'agisse des poubelles ou bien des gamelles d'aluminium – mais pour ma part, je n'avais jamais oublié notre rencontre avec les chiens de l'aire de repos et ne faisais confiance à aucun autre chien à part Moon.

Notre hiver à Claremont avait donc beau être glacial, Moon et moi n'avions pour la première fois aucun mal à nous nourrir. Chaque matin nous prenions notre petit déjeuner sur le parking, puis nous allions discrètement flâner en ville observer Robert, Lisa, Sarah et Amanda, et regarder les décorations de Noël être remplacées par des cœurs et des cupidons – remplacés à leur tour un peu plus tard par des œufs et des lapins dans des paniers de friandises. Le soir, nous prenions à nouveau notre repas sur le parking et allions ensuite nous coucher entre les deux bennes.

Moon et moi avions remarqué que les autres chiens errants avaient fini par s'installer eux aussi sur le parking et qu'ils étaient plus nombreux qu'avant. Mais à mesure que l'air se réchauffait et que les crocus et les jonquilles s'épanouissaient dans tout Claremont, nous remarquâmes également autre chose : de temps à autre, un gros fourgon de couleur foncée venait se garer sur le parking tôt le matin. Ces jours-là, les deux femmes ne venaient pas nous apporter à manger : elles passaient sans s'arrêter devant le parking et ne revenaient que lorsque le fourgon n'y était plus. Alors seulement nous donnaient-elles à manger – du moins, si le supermarché n'avait pas encore ouvert –, mais autant dire qu'il arrivait que le petit déjeuner nous échappe à cause de ce fourgon.

Par un beau matin qui sentait l'arrivée du printemps, la grande femme et celle aux cheveux longs arrivèrent sur le parking, et après l'avoir fouillé du regard à la recherche du fourgon, elles se hâtèrent de remplir nos barquettes et de repartir. Moon et moi ainsi que plusieurs autres chiens étions déjà en train de déguster notre repas lorsque le van se glissa sans bruit dans le parking. Tout en engloutissant mon repas, je gardais un œil sur le véhicule.

Soudain, les portes avant du fourgon s'ouvrirent et deux hommes en descendirent, chacun muni d'un long manche qui se terminait en haut par un cerceau. Ils pointèrent du doigt les chiens les plus proches et se mirent à courir vers eux, le manche tendu vers l'avant. Les chiens visés, un petit comme Moon et un plus grand, ne les avaient pas vus, si bien qu'en un éclair les deux hommes les avaient attrapés par le cou. Les deux chiens pris au piège couinaient et aboyaient en se débattant dans tous les sens et en essayant de mordre, mais les deux hommes les tenaient fermement, et ils les traînèrent jusqu'au fourgon. Là, ils ouvrirent les portes arrière et les firent grimper de force dans des cages, avant de claquer la porte et de considérer le parking autour d'eux, manches en main.

— Est-ce que tu en vois d'autres ? demanda l'un d'eux.

— Non, ils ont tous détalé.

— Ils reviendront demain, voire ce soir. Je crois que ces gens leur apportent aussi à manger le soir.

— Bon, occupons-nous d'abord de ramener ces deux-là, et on reviendra plus tard pour les autres.

Cette nuit-là, après la fermeture du supermarché, Moon et moi attendîmes bien sagement que les deux femmes arrivent, déposent la nourriture et repartent. Mais à peine eurent-elles disparu que le fourgon pénétra dans le parking, et sans attendre une seconde de plus, Moon et moi courûmes vers les bois en contournant Nassau Street. Nous trouvâmes finalement notre dîner à l'arrière de l'animalerie, puis nous partîmes dormir sous l'auvent de la porte de derrière de la bijouterie.

Le lendemain matin, nous tentâmes une visite au centre commercial, mais le fourgon était encore là : le moment était venu pour nous de quitter Claremont. Un jour qu'il y avait du vent et que les nuages s'amoncelaient à l'horizon, nous prîmes la direction des bois, laissant Claremont dans notre dos.

Moon

Le printemps cette année-là fut long et sec, si bien que Moon et moi n'eûmes aucune difficulté à trouver à manger. Nous avions de l'expérience à présent, et plutôt que d'éviter les villes, nous les recherchions – en prenant soin, cependant, de rester à leur périphérie et de ne pas y séjourner trop longtemps. Dès notre arrivée, nous partions toujours en repérage pour étudier les habitudes des habitants et essayer de trouver une animalerie ou des gens qui nourriraient des chiens comme nous ; nous attendions généralement la nuit pour manger, redoublant de vigilance si un fourgon venait à passer à faible allure. Nos séjours près des humains se limitaient à quelques jours ;

nous repartions ensuite vivre un temps dans les bois, entretenant notre adresse à la chasse, puis nous remettions en route vers une autre ville.

Un soir, nous dormîmes près d'un tas de bois à l'arrière d'une maison habitée par deux femmes et deux fillettes ; lorsqu'elles nous aperçurent, les deux femmes, qui semblaient très gentilles, nous portèrent des gamelles de nourriture et d'eau. Une autre fois encore, nous découvrîmes à l'entrée d'une ville une grange où vivaient un petit singe nommé Tico et une vache, Bluebell. Nous y restâmes trois jours, dormant dans une stalle vide, nous abreuvant dans une grande mangeoire remplie d'eau et nous nourrissant de graines pour oiseaux, de céréales et de petits écureuils roux. Quand la lune passa de la taille d'un croissant à celle d'un demi-cercle et que les jours se firent plus longs et chauds, Moon et moi avions déjà dormi dans plusieurs villes et fermes, et même une fois dans un champ à la belle étoile – les bruits de la nuit m'avaient d'ailleurs rappelé cette autre nuit passée à observer Mine sur la propriété des Merrion.

Un jour – l'un de ces jours les plus longs de l'année, quand le soleil se lève tôt et se couche tard –, Moon et moi décidâmes de quitter notre ville de passage, Republic, car l'endroit ne nous avait guère plu. Pour commencer, le jour même de notre arrivée, nous avions vu un homme donner des coups de pied à un chien attaché dans un jardin à une chaîne très courte. Ensuite, un peu plus tard dans la journée, nous attendions cachées dans des buissons que l'animalerie de la ville ferme ses portes lorsqu'un groupe de filles et de garçons – pas des enfants, mais pas non plus des adultes – découvrirent notre cachette et nous jetèrent des cailloux ; j'en reçus un pointu derrière l'oreille, et Moon fut touchée dans le dos. Nous nous apprêtions donc à quitter la ville – je saignais légèrement de la tête – quand nous vîmes un homme sortir de l'arrière d'une épicerie et remplir de morceaux de fromage, de pain rassis et de saucisse un bol posé près de la porte. L'homme marqua un temps d'arrêt en nous voyant puis rajouta quelques morceaux supplémentaires de saucisse dans le bol avant de rentrer. Moon et moi attendîmes qu'il fasse noir pour savourer notre repas, puis nous passâmes la nuit dans une vieille station-service abandonnée, avant de laisser Republic derrière nous le lendemain matin.

Après être allées jeter un coup d'œil dans le bol de l'épicier – que nous retrouvâmes comme nous l'avions laissé, c'est-à-dire vide et soigneusement léché – nous gagnâmes rapidement les bois voisins, l'estomac vide mais pas encore trop bruyant. Nous venions juste d'émerger d'une petite clairière qui débouchait sur une route de montagne déserte, lorsque nous aperçûmes tout à coup, de l'autre côté de la route, deux écureuils perchés sur un tronc mort.

Moon s'élança immédiatement, mais dans notre empressement à vouloir prendre les écureuils par surprise, ni elle ni moi n'entendîmes le camion qui arrivait en grondant dans le virage – jusqu'à ce qu'il soit pratiquement à notre hauteur. Je levai les yeux à temps pour voir le terrible monstre bleu foncer sur nous, tel un chien gigantesque aux gros yeux jaunes et à la rangée de dents étincelantes, puis entendis quelqu'un hurler. Le camion freina dans un crissement de pneus, et je fis un bond en arrière, mais Moon était déjà au milieu de la route et le camion la percuta de plein fouet, la projetant dans les airs. De mon côté, le camion n'avait fait que m'accrocher l'épaule, mais c'était celle que je m'étais abîmée en passant par la fenêtre de la voiture de George, et je restai donc à terre, incapable de bouger.

J'appelai Moon, mais aucune réponse ne me parvint.

Le camion continua sur sa lancée sur encore quelques mètres, toujours en crissant, et ses roues bloquées glissèrent sur la route en laissant de longues traces sinueuses. Enfin, il s'immobilisa.

J'entendis à nouveau des cris, puis les cris devinrent des voix, mais je ne pouvais pas voir qui parlait.

— Tu as percuté un chien !

— Non, *deux* chiens. Je crois en avoir vu un deuxième.

— Ils sont sortis de nulle part !

— Ce n'est pas de ta faute.

— Ils se sont jetés sous mes roues.

— Est-ce que tout le monde va bien ?

— Moi, je vais bien.

— Moi aussi.

— Et le camion, ça donne quoi ?

— Je pense que ça va.

Un court silence s'ensuivit, et je tentai de lever la tête pour chercher Moon.

Elle était étendue, immobile, près du tronc d'arbre mort où l'on avait vu les écureuils – qui avaient disparu, bien évidemment. Je laissai alors retomber ma tête sur le sol.

J'entendis des pas s'approcher en courant sur le bitume, et bientôt plusieurs paires de jambes m'entourèrent. Deux pieds en baskets s'arrêtèrent près de moi, et le visage d'une petite fille de l'âge du frère de Matthias se pencha au-dessus de moi, me fixant du regard.

— Celui-ci est en vie. Je pense qu'il va s'en remettre, fit-elle, la main posée sur mon dos.

D'autres paires de baskets traversèrent alors la route, et je vis une femme s'accroupir près de Moon. Elle lui fit une longue caresse dans le dos et la retourna tout doucement.

— Je crois que celui-ci est mort, mais faisons-les voir quand même tous les deux à un vétérinaire.

— J'amène le camion, dit une voix d'homme, et une troisième paire de baskets repartit sur la route en direction du camion.

La petite fille s'assit à côté de moi et me prit dans ses bras.

— Attends ! cria la femme depuis l'autre côté de la route. Je ne veux pas que tu touches un chien que tu ne connais pas !

— Pourquoi ? Il ne saigne même pas ! objecta la petite fille.

J'essayai de reconstituer le nombre exact de personnes descendues du camion : il y avait cette petite fille, la femme assise près de Moon, et aussi l'homme qui était reparti au camion. Mais je m'aperçus qu'il y avait une quatrième personne, un petit garçon, lorsque je le vis traverser la route pour aller s'accroupir près de la femme et de Moon.

J'aurais voulu continuer à la surveiller, mais ma tête était devenue lourde et, bercée par les caresses de la petite fille, je sombrai dans le sommeil. Ce n'est que lorsque je sentis deux bras puissants me soulever du sol que je me réveillai et que je vis l'homme me déposer avec précaution à l'arrière du camion. Quelques instants plus tard, ce fut Moon qu'il ramena et allongea près de moi, et quand je la vis, je sus qu'elle était bien morte.

Partie III

Les caresses

Je dormis jusqu'à ce qu'une secousse du camion m'indique que l'on venait de s'arrêter. J'entendis alors les portières claquer puis, comme au bord de la route, plusieurs voix qui parlaient en même temps.

— Ça y est, c'est ici.

— J'espère que c'est ouvert... Tu crois que les vétérinaires travaillent le samedi ?

— Je vais entrer pour voir.

— Qu'est-ce qu'ils font des chiens morts ?

— Allons, ne te préoccupe pas de ça.

— S'il vous plaît ! C'est pour une urgence ! appela l'homme, et quelques instants plus tard, les portes à l'arrière du camion s'ouvrirent et je fus rapidement transportée dans un bâtiment, puis ce fut au tour de Moon.

Une femme en bleu nous accueillit et nous pressa tous les six – les quatre humains, Moon et moi – dans une petite pièce, où l'on nous allongea l'une à côté de l'autre sur une table. La femme ouvrait plusieurs tiroirs dont elle sortait des instruments qu'elle disposait sur un plateau lorsqu'une seconde femme, vêtue d'une blouse blanche, fit irruption dans la pièce.

— Bonjour, je suis le docteur Roth, fit-elle en tendant la main à l'homme et à la femme. J'ai cru comprendre qu'il s'agissait d'une urgence.

Mais avant même qu'ils aient pu répondre, la femme était déjà en train d'examiner Moon.

— Nous ne savons pas à qui ils sont, dit l'homme au bout d'un moment, ni s'ils appartiennent à quelqu'un d'ailleurs.

Puis, avec un mouvement de tête dans la direction de Moon :

— Nous pensons que celui-ci est mort.

— J'en ai bien peur, répondit le docteur Roth en acquiesçant. Mais si cela peut vous consoler, sachez qu'elle est probablement morte sur le coup. Elle n'a pas souffert.

J'entendis la femme du camion pousser un soupir.

— J'imagine que c'est déjà ça... Même si c'était un accident, nous nous sentons terriblement coupables. Vous savez, nous ne les avons pas vus arriver. Nous étions sur la route de Bostock, et ils ont littéralement surgi des bois.

— Regardez, ils ne portent pas de collier, ajouta l'homme.

Le docteur Roth posa sa main sur ma tête.

— J'ai l'impression que cette chienne n'a pas eu une vie très facile, dit-elle en me caressant les oreilles, ses yeux plongés dans les miens. Nous verrons si nous pouvons retrouver ses maîtres, mais je parierais qu'elle vit seule depuis un bon moment déjà.

Sa main allait et venait sur mon ventre.

— Regardez ces cicatrices, poursuivit-elle. Ce sont des signes de bagarres. Elle n'a pas non plus été stérilisée, mais cela ne me surprend pas.

— Pourquoi est-ce qu'elle ne bouge plus ? intervint le petit garçon.

— Pour l'instant, je n'en sais rien, répondit le docteur Roth. Elle ne me semble pas trop mal en point, mais nous allons lui faire des radios pour savoir ce qui ne va pas, ajouta-t-elle en me passant de nouveau la main sur les oreilles.

Le médecin et la femme en bleu recouvrirent Moon d'un drap, puis elles me transférèrent sur une table à roulettes et m'emmenèrent. Ce fut la dernière fois que je vis mon amie Moon.

Un peu plus tard, après que le docteur Roth et le personnel de la clinique eurent terminé de m'examiner et de regarder les images qu'ils avaient prises de mon corps, on m'installa dans une cage spacieuse tapissée de couvertures moelleuses et pourvue d'une gamelle de nourriture et d'un bol d'eau. Tout autour de moi se trouvaient d'autres cages avec des chiens à l'intérieur, et mis à part un qui pleurait et un autre qui aboyait, la plupart étaient calme.

Je rampai jusqu'à la gamelle de nourriture pour y avaler quelques bouchées, puis m'enroulai dans les couvertures. Mon épaule me faisait mal, d'ailleurs c'était précisément la partie de mon corps dont le docteur Roth avait pris le plus de clichés.

J'étais à moitié endormie lorsque les quatre passagers du camion entrèrent dans la pièce, suivis du docteur Roth.

— Et voici notre patiente, fit le vétérinaire en les conduisant jusqu'à ma cage. Elle se repose pour le moment.

Le garçon et la fillette se collèrent à la cage.

— Qu'avez-vous trouvé ? demanda l'homme.

— Deux ou trois choses. Je pense qu'elle doit avoir deux ans environ. Elle pèse vingt kilos, ce qui est un poids convenable étant donné sa taille, et elle est en bonne santé, malgré les moments difficiles qu'elle a dû traverser. Comme je le pensais, elle a bien participé à quelques bagarres car les radios ont montré une vieille fracture au niveau de son épaule droite, qui d'ailleurs s'est très bien remise toute seule. Elle a aussi des tiques et du tartre sur les dents, mais ce qui nous préoccupe le plus pour l'instant, c'est qu'elle souffre d'une fracture sévère de la patte.

— Est-ce que vous pouvez la réparer ? demanda la fillette.

— Oui, mais il va falloir l'opérer.

— L'opérer… répéta l'homme. Ça coûte cher, ce genre de choses.

Le docteur Roth marqua un temps d'hésitation.

— A vrai dire, elle n'a rien de fondamentalement grave… Si sa jambe guérit, elle ira très bien, vous savez.

Le docteur Roth tendit la main à travers les barreaux et me tapota la tête. Ses gestes étaient si doux que je n'avais même pas mal quand sa main passait sur des endroits douloureux.

— C'est une brave chienne, poursuivit-elle. Elle est particulièrement docile, surtout pour un chien errant. Je pense qu'elle ferait un animal de compagnie formidable pour peu qu'on veuille bien l'adopter. Ah oui, et pendant que j'y pense : je voudrais profiter de son séjour à la clinique pour la stériliser et lui faire tous ses vaccins.

— Je regrette d'avoir à vous poser cette question, dit l'homme, mais qui va payer pour tout cela ? Après tout, ce n'est pas notre chienne.

— Je peux prendre sur mon temps de travail, répondit le docteur Roth, et je connais un organisme qui pourrait éventuellement couvrir le reste des frais. Je leur passerai un coup de téléphone dans l'après-midi.

— Entendu, fit l'homme en se dirigeant vers la porte. Allez, venez ! fit-il à la femme et aux deux enfants qui le rejoignirent. Merci beaucoup, docteur, ajouta-t-il au moment de franchir la porte. Nous apprécions beaucoup tout ce que vous avez fait.

Un ou deux jours plus tard, le docteur Roth me répara la patte et me stérilisa, de manière à ce que je ne puisse pas avoir de portées dans le futur. Je ne me souviens absolument pas de l'opération, sauf de m'être réveillée dans ma cage avec la nausée et une douleur intense au niveau de la patte. Comme je gémissais, la femme en bleu – qui s'appelait en fait Rachael – appela le docteur Roth. Cette dernière me fit une piqûre qui m'assomma, mais lorsque j'ouvris à nouveau les yeux, je me sentais déjà un peu mieux. Quelques jours s'écoulèrent, puis le docteur Roth se mit à me faire sortir de la cage et à m'encourager à marcher. La chose était loin d'être facile car j'avais le cou pris dans une collerette, et je sentais ma patte coincée dans une sorte d'étau rigide, mais je ne pouvais rien voir. « Bravo, mon chien ! C'est bien ! » s'exclamaient à chaque fois Rachael et le docteur Roth comme je me traînais sur le linoléum en boitillant. Puis elles me caressaient, m'offraient des friandises et me disaient que j'étais belle et courageuse.

Un jour, la femme et les deux enfants vinrent me rendre visite – je connaissais maintenant leurs noms : Mrs Becker, Margery et Donald.

— Les enfants voulaient savoir comment allait la chienne, dit Mrs Becker. J'espère que ça ne pose pas de problème.

Les deux enfants me fixaient à travers les barreaux.

— On dirait qu'elle va mieux ! s'écria Margery.

— Qu'est-ce qu'elle a autour du cou ? demanda Donald.

— C'est pour l'empêcher de lécher ses cicatrices, répondit Rachael, comme ça, sa patte guérira plus vite, et son ventre aussi. Elle va très bien, vous allez voir. Je vais la faire sortir et vous la verrez marcher.

Rachael ouvrit la porte de ma cage, et je fis quelques pas hésitants avant de revenir vers elle, qui m'accueillit dans ses bras.

— Regardez comme elle est gentille ! fit-elle remarquer comme je posai la tête sur son épaule.

— Lui avez-vous trouvé un foyer ? s'enquit Mrs Becker.

Rachael secoua la tête.

— Non, pas encore. Et personne n'est venu nous déclarer la disparition de son chien.

— Maman, est-ce qu'on peut la prendre ? Allez, dis oui, s'il te plaît ! demanda Donald.

— Allez, maman, dis oui ! insista Margery.

— Je ne sais pas trop, les enfants... Il faut d'abord en discuter avec votre père.

Les Becker s'en allèrent, et durant les jours qui suivirent, je continuai de m'entraîner à marcher. Très vite, mon ventre ne me fit plus souffrir et l'on retira la protection autour de ma patte ; enfin, je fus débarrassée de ma collerette, remplacée aussitôt par une autre sorte de collier – plus étroit et avec des couleurs – auquel Rachael attachait une laisse quand elle sortait me promener. Au début, je n'aimais pas trop cela, mais Rachael fit preuve de patience et m'expliqua calmement qu'un bon chien devait écouter, et au bout de quelque temps j'avais presque oublié que je portais un collier.

Puis un jour, le docteur Roth entra dans la pièce, ouvrit la porte de ma cage et tout en me caressant les oreilles me dit : « Bonne nouvelle, mon chien, on t'a trouvé une famille ! Les Becker te ramènent chez eux ».

Au bout de quelques jours, je marchais de nouveau presque aussi bien qu'avant l'accident et on arrêta de me donner des médicaments. Mrs Becker et ses enfants revinrent alors à la clinique ; Donald tenait une laisse de couleur bleue dans la main et sautait dans tous les sens en chantonnant : « On a un chien ! On a un chien ! », et Margery, un sourire épanoui aux lèvres, tenait une peluche dans une main et une friandise dans l'autre.

— Tu vas drôlement nous manquer, ma belle, fit Rachael tandis qu'elle attachait la laisse bleue à mon collier. Des malades gentilles comme toi, on n'en a pas souvent, tu sais. Mais je suis quand même heureuse pour toi.

Elle me conduisit ensuite à la voiture des Becker et m'aida à grimper sur la banquette arrière.

— Au revoir, ma belle, dit-elle en me donnant une dernière caresse sur la tête, et je vis qu'elle pleurait.

Margery s'installa à l'avant avec sa mère, et Donald me rejoignit sur la banquette.

— Tu as beaucoup de chance, tu sais, fit Donald quand la voiture eut démarré, tu vas être notre nouveau chien. Ce sera Daisy ton nouveau nom, on s'est déjà mis d'accord. Maman, tu te souviens de Sasha, le chien qu'on avait l'été dernier ? Il était gentil.

— Ce n'était pas Sasha, interrompit Margery, c'était Shadow ! Sasha, c'était notre chien de l'été d'avant.

— Ah oui, c'est vrai ! répondit Donald.

Un chien pour l'été

Mon nouveau foyer se révéla être une grande pièce aménagée à l'arrière de la maison des Becker : c'était un garage, comme je l'appris à l'époque. Je le partageais avec le camion qui nous avait renversées, Moon et moi, et beaucoup d'autres objets qui me rappelaient la remise des Merrion – outils de jardin, seaux, cordes, etc. Il y avait également quelques souris, ainsi que trois familles d'hirondelles des granges qui nichaient sous l'avant-toit dans des nids de boue séchée, et dont chaque couple élevait quatre oisillons. Tout ce petit monde faisait beaucoup de bruit.

Je ne savais pas très bien ce que signifiait être un animal de compagnie et vivre dans une maison, mais j'avais suffisamment épié à travers les fenêtres des maisons de Claremont et d'autres villes pour savoir que les chiens domestiques vivaient normalement dans la maison principale, avec leurs maîtres – toutefois, j'avais aussi vu de nombreux chiens vivre dans les jardins des maisons, et le garage n'était pas si mal.

A notre arrivée de la clinique, Margery et Donald m'aidèrent à descendre de la voiture.

— Regarde, Daisy, c'est ton nouveau lit là-bas, fit Mrs Becker en désignant du doigt un gros coussin poussiéreux et couvert de poils blanc et noir posé dans un coin du garage, près d'une fenêtre ouverte. Et voici ton eau et ta nourriture, ajouta-t-elle en désignant deux gamelles posées près du coussin, l'une remplie d'eau, l'autre de morceaux de poulet, de bacon, de toast et d'œufs brouillés. Tu vois comme on te gâte ? Ce n'est pas de la nourriture pour chiens qu'on te donne mais nos propres restes !

Bien que j'aie déjà pris mon petit déjeuner à la clinique, j'engloutis le contenu du bol en un éclair.

Margery me prit ensuite par le collier et m'amena près du coussin.

— Tout ça, c'est à toi ! Et regarde, ajouta-t-elle en posant la peluche à côté, tu as même un petit mouton rien que pour toi ! Allez, allonge-toi et fais une petite sieste maintenant !

— Non, ramène-la à l'intérieur ! s'écria Donald. J'ai envie de lui montrer ma chambre.

— Hors de question, intervint Mrs Becker. Tu connais les règles, Donald, pas d'animaux à l'intérieur. Daisy est un chien d'extérieur. Et si tu allais jouer avec elle dans le jardin ? Mais n'oublie pas de lui mettre la laisse, sinon elle risque de s'enfuir.

Donald et Margery attachèrent donc la laisse à mon collier, comme Rachael avant eux, et me promenèrent dans leur grand jardin – qui était plus petit que celui des Merrion car je pouvais apercevoir d'autres maisons pas très loin. C'était un jardin agréable, avec des arbres et des massifs de fleurs, et aussi des insectes et des petits rongeurs qui se cachaient dedans. Mais au bout d'un moment, ma patte fraîchement guérie se mit à boiter.

— Oh, pauvre Daisy, elle est fatiguée ! fit Margery. Allons la mettre au lit.

Je fus donc ramenée au garage et après avoir soigneusement rabattu la grande porte coulissante derrière nous, Margery détacha ma laisse.

— Voilà. Maintenant, tu peux te reposer, dit-elle, puis ils me laissèrent.

Je restai seule dans le garage, mais cela m'était égal ; je me sentais fatiguée et décidai effectivement d'en profiter pour me reposer, malgré les odeurs d'autres chiens qui m'entouraient. A la fin de la journée, Mrs Becker vint remplir ma gamelle de nouveaux restes – que j'avalai immédiatement – et un peu plus tard, quand la nuit fut tombée, Margery et Donald vinrent me chanter une chanson spéciale, censée m'aider à m'endormir.

Les premiers temps, mes journées se déroulaient pratiquement toutes de la même façon : le matin, Mrs Becker passait remplir ma gamelle, puis un peu plus tard Donald et Margery venaient jouer avec moi dans le jardin – ils avaient cessé de m'attacher la laisse après que Mrs Becker leur avait dit que je connaissais sûrement le chemin de la maison désormais. Je courais après les jouets qu'ils me lançaient et nous nous roulions ensemble dans l'herbe, puis quand ils en avaient assez, ils me ramenaient au garage. Mrs Becker repassait remplir ma gamelle en fin de journée, et Donald et Margery venaient me souhaiter bonne nuit avant d'aller se coucher.

Un jour où tout se passait comme d'habitude – Mrs Becker venait de m'apporter mon petit déjeuner –, Donald et Margery traversèrent le garage sans s'arrêter pour jouer. Au lieu de ça, ils coururent dehors en criant : « A tout à l'heure, Daisy ! Nous allons à la piscine nous baigner ! », et je ne les revis pas de la journée, à l'exception de Mrs Becker pour mon repas du soir. Dès lors, Donald et Margery ne vinrent plus me voir tous les jours. Toutefois, je n'en étais pas malheureuse pour autant : depuis peu, les Becker ne m'enfermaient plus dans le garage la journée, et j'étais libre de me déplacer en toute liberté. Les sons et les odeurs de l'été étaient autant de voix qui m'appelaient, aussi je passais mes journées dans l'herbe ou dans les massifs parmi les abeilles, les insectes et les rongeurs. Puis, quand les ombres de l'après-midi commençaient à s'étirer sur le sol, je regagnais le garage pour mon repas du soir. D'une certaine façon, c'était comme à l'époque de la remise quand Bone et moi errions dans les bois toute la journée avant de rentrer pour la nuit.

Les jours où Donald et Margery m'oubliaient, je grimpais discrètement les marches du perron et me postais devant la porte pour essayer de voir à travers la moustiquaire. A condition qu'ils me remarquent, les Becker me saluaient alors d'un « Coucou, Daisy ! », mais jamais ils ne me faisaient entrer.

J'avais toujours pensé jusque-là que les chiens qui avaient des maîtres ne se sentaient jamais seuls. J'avais tort.

Tard un après-midi, j'étais assise dans les bois qui donnaient sur l'arrière de la maison lorsque je m'aperçus que je tremblais. Les journées étaient certes encore longues, mais le fond de l'air s'était rafraîchi, et je m'en rendais particulièrement compte le matin, à cause de l'humidité du garage, et le soir quand je me roulais en boule sur mon coussin pour conserver le plus possible la chaleur de mon corps. A l'époque de mon arrivée chez les Becker, la chaleur dans le garage avait parfois été étouffante, et ce, malgré la fenêtre ouverte, mais ce n'était plus le cas.

J'écoutais les bruits des animaux, le souffle du vent dans les branches et les piaillements des oiseaux. En levant la tête, je m'aperçus que certaines feuilles d'un érable avaient pris une teinte éclatante – que je supposais être du rouge, bien que ce fût encore une couleur que je ne pouvais distinguer – et qu'un frêne avait déjà commencé à perdre ses feuilles jaunes. L'automne approchait.

Je me levai puis, après un bâillement, m'étirai en creusant le dos, l'arrière-train en l'air, et rentrai au garage d'un pas tranquille pour attendre mon dîner. Mais personne ne vint. Mr Becker qui rentrait de sa journée arriva et rangea la voiture dans le garage ; il me tapota machinalement la tête en disant : « Bonsoir, Sasha », puis entra dans la maison.

Je partis m'asseoir sur mon coussin et attendis. Rien.

Je partis attendre devant la porte du garage. Toujours rien.

Je contournai la maison et m'approchai de la moustiquaire de la porte d'entrée. Personne ne me remarqua.

En repartant vers le garage, je découvris que quelqu'un avait redescendu la porte. Peut-être s'apercevrait-on un peu plus tard que je n'étais pas sur mon coussin ? Mais je ne crois pas que ce fut le cas, car je n'entendis personne m'appeler de la soirée.

Cette nuit-là, j'attendis donc devant la porte du garage jusqu'à ce que les lumières de la maison s'éteignent. Alors seulement je partis me coucher sous un massif de rhododendrons, dans le jardin.

Le lendemain matin, lorsqu'elle ouvrit la porte du garage, Mrs Becker me trouva assise dans l'allée.

— Oh, mon Dieu ! Ma pauvre Daisy, je t'ai oubliée ! Ne bouge pas, je t'apporte tout de suite ta gamelle.

Mrs Becker tint parole – du moins cette fois-ci, car elle m'oublia à nouveau le soir. Je partis trouver mon dîner dans les bois – j'attrapai un écureuil – et passai la nuit sur une des chaises longues du jardin.

Dès lors, les Becker oublièrent régulièrement de m'apporter à manger ; aussi, chaque fois que je trouvai ma gamelle vide, je partais sillonner les bois en me félicitant de savoir toujours chasser. Quant à l'eau, ce n'était pas un problème : il y avait un bassin pour oiseaux chez les voisins, et j'avais également découvert un jardin avec une piscine – mais je restais prudente car les propriétaires me chassaient dès qu'ils me voyaient.

Un matin, je quittai comme d'habitude ma chaise longue pour aller boire au bassin et vérifier si ma gamelle avait été remplie, lorsque je vis en passant que le garage était grand ouvert. Les Becker s'y agitaient dans tous les sens, aussi je m'arrêtai pour regarder, remarquant à peine que ma gamelle était bien vide. La voiture et le camion étaient garés dans l'allée, toutes portières ouvertes, et sur le sol du garage s'entassaient des piles de cartons, de valises et de sacs bourrés à craquer. Mr et Mrs Becker s'escrimaient à essayer de tout faire rentrer dans les véhicules, et je les entendais souffler et grommeler, chacun de leur côté.

A l'inverse, Margery et Donald n'arrêtaient pas de parler, tout en paraissant contrariés eux aussi.

— J'arrive pas à croire que l'été est déjà fini ! dit la fillette, et elle flanqua un coup de pied dans un carton.

— Et moi, qu'il faille déjà retourner à l'école ! renchérit Donald.

— Fini les baignades à la piscine et les sorties en barque...

— Et bonjour la sale ville polluée !

— Les enfants ! Ce serait trop vous demander que d'avoir un coup de main ? demanda Mrs Becker. Margery, est-ce que tes valises sont prêtes ?

— Oui, tout est là, répondit la fillette en redonnant un coup de pied dans le carton.

— Eh, regarde ! C'est Sasha ! s'écria Donald. Pardon, Daisy ! Mais pourquoi est-ce qu'elle n'a plus son collier ? Où est-ce qu'il est passé ?

— Je te signale que c'est toi qui le lui as enlevé, la semaine dernière ! fit Margery. Tu l'as mis où, d'ailleurs ?

— Les enfants, s'il vous plaît ! On a besoin d'aide par ici !

Margery et Donald s'emparèrent chacun d'un carton et les portèrent jusqu'au camion.

De mon côté, je partis chasser mon petit déjeuner dans les bois.

A mon retour, un peu plus tard dans la matinée, la voiture et le camion n'étaient plus là, et je trouvai la porte du garage fermée, ainsi que la porte de devant. Le soir venu, je cherchai la chaise longue, en vain : on avait débarrassé le jardin de toute chaise, vélo, jouet ou pot de fleurs ; même le gros engin à faire griller la nourriture avait disparu.

Sans autre choix, je passai donc une nouvelle nuit sous les rhododendrons.

Le jour suivant, il n'y avait toujours aucune trace des Becker. Ni le jour d'après. Ni aucun autre jour qui suivit.

Alors je décidai de partir moi aussi.

Chien de ferme

Je me retrouvai seule, encore une fois. Il n'y avait plus personne à suivre, plus personne avec qui sillonner les routes, plus de Rachael ni de docteur Roth ni de famille d'été. Plus rien. Mais je savais que je pouvais prendre soin de moi.

Je passai mon temps à vagabonder dans les bois et les champs, le long des autoroutes et aux abords des villes, la lune croissant et décroissant au-dessus de ma tête. Jusqu'à ce qu'un jour, je n'entendis plus le chant des grillons et que le sol sous mes pattes fût devenu un tapis de feuilles mortes. Un vent violent se mit à souffler, en même temps que s'installait un froid glacial ; mais tant qu'il ne neigeait pas, je trouvai de quoi me nourrir.

Un jour que je traversais une petite forêt où les rayons du soleil filtraient péniblement à travers les branchages dénudés, je sentis tout à coup une odeur qui fit se hérisser mes poils. Je grognai et suivis la piste jusqu'à la lisière de la forêt : un groupe de chiens se tenaient là, aussi maigres et l'air aussi désespéré que les chiens de l'aire de repos.

Le groupe se disputait une vieille carcasse dépouillée aussi férocement que s'il s'était agi d'une proie toute fraîche. L'un d'entre eux la tenait entre ses pattes et était en train de la rogner quand soudain un autre se rua sur lui, l'obligeant à lâcher la carcasse lorsqu'il tenta de le mordre pour se défendre. Un troisième chien s'empressa de ramasser le butin dans sa gueule, mais le premier l'attaqua au cou et le chien lâcha la carcasse.

Quant à moi, je reculai sans bruit et repartis en catimini. Le temps était venu pour moi de trouver un abri pour l'hiver.

Je dormis les deux nuits qui suivirent à l'arrière d'une bibliothèque publique. Le premier matin, un homme me remarqua et essaya de m'appâter à l'intérieur avec une gamelle remplie de nourriture, mais je restai méfiante et ne goûtai au contenu qu'une fois la nuit venue, quand la bibliothèque et le parking furent enfin déserts. Puis le lendemain matin, je me remis en route.

Mes pas me menèrent jusqu'à une petite maison dans les bois où un homme et une femme vivaient avec des chats, que je pouvais apercevoir derrière les carreaux des fenêtres. Les chats ne sortaient jamais dehors, mais la femme laissait quand même sur la terrasse des bols de nourriture et d'eau. « T.G. est revenu, l'entendis-je dire un jour à l'homme, je l'ai aperçu deux fois hier. » J'ignorais qui pouvait bien être T.G. – et je ne le sus d'ailleurs jamais – mais j'espérais que ça ne le dérangeait pas de partager sa nourriture avec moi.

La nuit où les premiers flocons de l'hiver tombèrent, je passai la nuit au Bearsville Garage, où j'avais trouvé de bonnes ordures et un perron abrité où dormir.

Une autre nuit encore, je dormis dans une grande maison située en haut d'une colline, dont le jardin comptait trois cabanes. Devant l'une d'elles se trouvaient entreposées des piles entières de bûches de bois, et je passai la nuit dans le petit espace entre les rondins et le mur. L'endroit n'était pas protégé du froid, mais au moins étais-je au sec.

Tôt le lendemain matin, je longeai la frontière du jardin en direction d'un petit bois, sur la piste de deux gros écureuils gris que je venais de repérer. Ils jacassaient et chahutaient, le plus gros s'amusant à poursuivre le plus petit autour du tronc d'un érable. Aucun d'eux ne m'avait remarquée.

Je me tenais immobile à quelques mètres de l'arbre, la patte levée, prête à bondir pour les prendre par surprise, lorsqu'il y eut une détonation si violente que j'en eus le corps traversé d'une secousse. Les deux écureuils se sauvèrent dans l'érable et en quelques bonds disparurent dans l'arbre d'à côté.

Je me mis moi aussi à courir, mais ne sachant d'où provenait le bruit, j'ignorais dans quelle direction m'orienter.

C'est alors que j'entendis des voix d'hommes.

— Est-ce que tu l'as eu ?

— Peut-être, mais je n'en suis pas sûr. Je ne vois rien, et toi ?

— Pourtant, il était juste là.

Deux hommes émergèrent d'entre les arbres, vêtus d'habits sombres et portant chacun un long manche semblable à une branche d'arbre qu'on aurait poli.

L'image de cet homme avec son fusil qui avait tué Mine me revint alors en mémoire, et je pris mes pattes à mon cou.

— Là, regarde !

— Ce n'est pas un cerf, mais un chien ! Enfin, je crois. En tout cas, ce n'est pas un cerf.

Je courus aussi vite que je pus – aussi vite que la fois où Moon et moi avions échappé à la meute de chiens –, mais je n'avais parcouru qu'une courte distance lorsque je vis une grande biche étendue à terre, en sang. Elle n'était pas morte – ses yeux étaient ouverts –, et elle tourna lentement la tête pour poser sur moi son regard vitreux, tandis qu'une de ses pattes se contractait. Je ralentis ma course en la voyant, mais accélérai à nouveau en entendant les voix s'approcher. J'étais pratiquement arrivée à la lisière quand une nouvelle détonation retentit dans toute la forêt. Je me ruai hors des bois.

J'émergeai sur les hauteurs d'une colline qui surplombait une petite ferme en contrebas. On y voyait près d'une petite mare une maison blanche aux volets bleus, et un peu plus loin, deux granges à l'aspect imposant ainsi qu'un enclos.

Je m'engageai sur la pente – j'avais pour habitude de ne jamais m'avancer à découvert, mais les deux hommes de la forêt étaient derrière moi et je n'avais remarqué personne autour de la ferme. Arrivée en bas, je franchis aisément le muret de l'enclos et me dirigeai vers la grange la plus grande, où je me postai devant la porte, l'oreille dressée. N'entendant rien d'inquiétant –

seulement des bruissements de souris et le roucoulement de quelques oiseaux – je risquai un œil à l'intérieur. La grange était sombre et son air chargé d'humidité sentait le foin, le fumier et le grain. Devant moi se trouvaient plusieurs stalles, dont deux étaient vides et une troisième occupée par un cheval qui en me voyant se mit à souffler dans ses naseaux et à gratter le sol avec son sabot – peut-être n'était-il pas habitué à voir des chiens.

Je quittai la grange et partis explorer l'enclos, dans lequel je trouvai un petit tas composé de restes de légumes moisis, de café moulu et de coquilles d'œufs – j'appris plus tard que cela s'appelait du compost. On était loin de la qualité des ordures des Merrion, mais j'avais connu bien pire. Je poussai ensuite mes investigations un plus loin, avec toujours la même prudence, gardant un œil sur les deux granges, la maison et la forêt.

Au loin, il y avait deux vaches sur la pente d'une colline, aussi je rebroussai chemin et repartis jusqu'à la grange, d'où j'observai la maison depuis la porte. Un camion était garé à proximité, la terrasse de la maison était décorée de citrouilles et de couronnes de feuilles séchées comme celles que j'avais vues à Claremont juste avant Noël, mais d'humains, il n'y avait trace nulle part.

Je partis regarder dans l'autre grange, la plus petite. L'intérieur me rappelait le garage des Becker : une voiture, des outils, des cordes et des paniers suspendus aux murs, et dans un coin une épaisse planche en bois horizontale avec encore d'autres outils posés dessus. Ce n'était pas un endroit confortable pour s'installer, l'autre groupe, la grande, ferait parfaitement l'affaire.

« Hal ! » cria soudain une voix de femme.

D'un bond, je courus me réfugier dans l'autre grange.

— Hal ! Téléphone pour toi !

— J'arrive !

Comme les voix ne me semblaient pas très proches, je risquai un œil dehors et vis une femme, plus âgée que Mrs Becker, qui se tenait devant la porte de la maison blanche. Un homme, qui devait avoir à peu près le même âge et qui portait un jean et une chemise en flanelle, remontait lentement la petite allée qui menait à la maison, un seau à la main.

Hal et Jean, comme je l'appris plus tard, vivaient dans cette petite ferme depuis de nombreuses années. C'était un couple tranquille et généreux qui prenait grand soin de ses animaux : un cheval, deux vaches, quatre chats et aussi quelques oies qui vivaient près de la mare.

Je décidai de m'ajouter à la liste, mais sans pour autant dévoiler ma présence à Hal et Jean de tout le temps que je vécus dans leur ferme. J'étais là lorsqu'ils décrochèrent les citrouilles et les couronnes de fleurs séchées pour les remplacer par des couronnes de sapin et des rubans ; là aussi quand la neige arriva et qu'une tempête les bloqua trois jours durant à la ferme – ce qui ne les empêcha pas pour autant de continuer à nourrir leurs animaux (quant à moi, je m'alimentai de céréales et de souris en attendant que le compost fût de nouveau accessible). Puis, quand la neige se mit à fondre et que les premiers signes du printemps se firent sentir, alors seulement je décidai de reprendre la route.

Je passai tout l'été à vagabonder, comme après mon départ de chez les Becker, et lorsqu'il se remit à faire froid, je repartis en quête d'une nouvelle ferme. C'est ainsi que s'organisa ma vie : les fermes en hiver, les routes le reste de l'année.

J'avais séjourné dans quatre fermes, y compris celle de Hal et Jean, quand au retour du printemps je perçus dans l'air des odeurs familières. Des odeurs qui m'entraînèrent sur la piste de Bone.

Sur la piste de Bone

C'était le printemps, j'étais donc à nouveau sur les routes. Je savais à présent que les humains procédaient généralement à des préparatifs en prévision d'un voyage ou d'une sortie ; cela avait été le cas des Becker, mais à l'époque je n'avais pas su reconnaître les signes. Aujourd'hui je savais les identifier : préparation, rangement, cartons, valises. Moi, en revanche, je ne préparais jamais rien : quand le moment était venu de partir, je partais. C'était aussi simple que ça.

Cette fois-ci, je venais donc de quitter une grande ferme avec beaucoup d'écuries où chaque jour des gens allaient et venaient montés sur des chevaux, et qui offrait à des chiens comme moi la possibilité de se cacher facilement.

Je quittais la région de Lindenfield – j'avais appris le nom de l'endroit en écoutant les gens de la ferme – quand je crus reconnaître des odeurs familières, sans pouvoir les identifier complètement; elles ne me disaient pas «écureuil» ni «chien mâle» ni «sandwich» comme certaines odeurs que je connaissais, pourtant, elles avaient quelque chose qui me fit accélérer le pas et suivre leur piste, la truffe collée au sol.

Je me laissai si bien porter par mon flair que je me retrouvai bientôt dans des endroits plus fréquentés que je ne l'aurais souhaité. Je longeai d'abord une route dont les voitures et les camions circulaient dans les deux sens, puis traversai une station-service – d'où je m'enfuis immédiatement en entendant un petit garçon s'écrier: «Hé! Regardez le chien, là-bas!» J'attendis plus loin sur le bord de la route de pouvoir traverser sans me faire renverser, puis me retrouvai de l'autre côté sur un grand parking.

Les odeurs étaient si fortes que je pouvais à peine relever le museau du sol, mais lorsque je levai enfin la tête, je vis devant moi des voitures à perte de vue, une rangée de bâtiments où les gens entraient et sortaient et un lampadaire sur une bande de verdure à côté d'un arbre.

Je ne connaissais qu'un seul endroit comme celui-ci : le parking où Bone et moi avions été abandonnés.

Il n'y avait pas d'erreur possible. Les odeurs ne mentent pas.

J'étais si excitée que je passai en revue le parking entier, me fichant éperdument que l'on pût me voir. Je suivis une odeur de nourriture qui me mena à un reste de hot-dog et de vieux spaghettis bolognaise, que je mangeai, mais ce n'était pas les odeurs qui m'intéressaient. Ce que je sentais, c'était l'odeur du passé – du temps où mon frère et moi étions encore de jeunes chiots, et du lieu où je l'avais vu pour la dernière fois. L'odeur de Bone lui-même n'était pas là. Je ne la sentais pas. Mais cela n'avait pas d'importance, car je n'avais jamais été aussi près de lui depuis notre séparation.

Je partis inspecter l'arrière du centre commercial, là où j'avais trouvé les poubelles à l'époque, puis repartis toujours en reniflant jusqu'à l'arbre où je m'étais assoupie ; et de là jusqu'à l'endroit où, d'après mes souvenirs, George s'était arrêté et nous avait jetés. Je ne sentais toujours pas l'odeur de Bone, mais les autres odeurs continuaient de me guider et de faire s'agiter ma queue. J'étais sur la piste de mon frère.

Tout comme ce jour où j'avais été séparée de lui, je passai donc la journée à errer sur le parking – à la différence que je n'étais plus un chiot et que je savais à présent comment éviter d'attirer l'attention. J'attendis que la nuit tombe et que le parking se vide pour aller me poster au bord de la route, d'où je me mis à surveiller le passage des voitures et de leurs gros yeux lumineux. Quand le bourdonnement s'interrompit, je traversai en courant rejoindre mes vieux bois et constatai qu'elles étaient toujours là : les odeurs de mon premier hiver toute seule. Il n'y avait cependant aucune trace de Bone, aussi n'avais-je aucune raison de m'attarder et je me remis en route dès le lendemain matin.

Après avoir passé des étés entiers à me cantonner aux forêts et aux champs et à rester en périphérie des villes, j'explorais désormais minutieusement les lieux de vie des humains. Je trouvais souvent des petites rues comme celles de Claremont, mais plus longues et avec davantage de maisons, que je surveillais de loin la journée et allais inspecter plus en détails la nuit venue.

Mais toujours aucune trace de Bone.

Un jour, je me retrouvai sur une rue semblable à celle de Marcy et George, mais je ne crois pas que c'était la leur. Elle était très longue et bordée de maisons, et je pouvais affirmer sans me tromper que de nombreux chiens vivaient là. Les signes étaient indiscutables : laisses, gamelles, excréments, jouets qui traînaient dans les jardins – et bien sûr, les odeurs. Sans oublier que j'en avais vu plusieurs se promener avec leurs maîtres ou bien regarder par-dessus leur clôture.

Mais toujours pas de Bone.

Je décidai de changer de quartier. Je fouillai les garages, arpentai les rues la nuit, reniflant jusque sur les perrons et les terrasses des maisons inoccupées.

Pas de Bone.

J'élargis mon champ d'investigation aux campagnes, explorant les maisons dans les bois et sur les collines, les abris et les terrasses, mais aussi les petits commerces locaux. La lune changea ; les jours rallongèrent d'abord, puis ils commencèrent à raccourcir, et je sentis qu'il faisait plus froid. Les odeurs étaient toujours présentes, mais elles n'étaient plus aussi nettes qu'au début de l'été. Je ne savais plus où j'étais, ni quelle distance j'avais pu parcourir durant tout ce temps. Et surtout, je n'avais pas trouvé Bone.

Le temps était néanmoins venu de me remettre en quête d'une ferme où passer l'hiver. Et c'est exactement ce que je fis.

Plusieurs hivers et plusieurs automnes passèrent.

Je devins un vieux chien.

Mes poils noirs commencèrent à se clairsemer de blanc, je n'entendais plus d'une oreille, j'avais les yeux voilés d'une pellicule blanchâtre, et des rhumatismes à l'épaule et à la patte que je m'étais cassées étant jeune. Je me sentais aussi très affaiblie, et lorsque ce nouvel hiver arriva, ce fut le pire de ma vie.

Partie IV

Partie IV

La vieille femme

Il faisait froid ce fameux hiver où je compris que j'étais devenue vieille. Contrairement à l'hiver que Moon et moi avions passé à Claremont, la neige n'avait pas été précoce, mais il faisait malgré tout un froid épouvantable, et des bourrasques glacées de neige fondue déferlaient du ciel, me brûlant les yeux et la peau. Comme à chaque fois, mon instinct me disait que le temps était venu de m'installer pour l'hiver, mais je vivais alors aux abords d'une ville, et mes vieux os fatigués protestaient déjà à l'idée d'un nouveau voyage. La première tempête arriva par une nuit glaciale, obligeant l'école à fermer dès le lendemain, qui tombait le jour d'Halloween.

Je savais qu'en général les enfants adoraient ce genre de vacances impromptues, pourtant, les rares que je vis dans leurs jardins ce matin-là étaient loin d'avoir l'air heureux.

« Pas de tournée d'Halloween, ce soir », disaient certains parents. « Il y a du verglas, c'est trop dangereux. »

Je passai la nuit dans un jardin à l'abri d'une brouette que quelqu'un avait relevée à la verticale, mais bien que je fus au sec, je tremblai toute la nuit de froid et de faim – je n'avais rien mangé depuis la veille au matin. Je parvins malgré tout à tenir jusqu'au lendemain et attendis que les propriétaires soient partis pour quitter le quartier et m'engager dans la forêt avoisinante.

Je voyageai durant deux jours et deux nuits, mais mes pattes étaient lourdes et j'avais peine à les bouger ; certains jours, elles étaient complètement ankylosées, mais la plupart du temps elles étaient simplement molles. La faim et la soif étaient pratiquement devenues permanentes, à tel point que je ne sentais parfois même plus mes crampes d'estomac – mes réflexes n'étant plus ce qu'ils étaient, chasser m'était devenu difficile. Je n'étais plus assez rapide pour attraper mes proies, sauf en les prenant par surprise.

Les ordures étaient donc mon dernier recours, mais c'est en ville qu'on les trouvait le plus facilement, et j'étais loin d'avoir oublié l'image du fourgon de la fourrière.

Je me réveillai un matin dans la grisaille du crépuscule, toute tremblante dans le creux d'un rocher en saillie où j'avais trouvé refuge, quand je m'aperçus que je saignais d'une patte arrière. Je la léchai et me levai fébrilement. J'étais incapable de me rappeler à quand remontait mon dernier repas ; tout ce que je savais, c'était qu'il me fallait trouver une ferme, et vite.

Je me remis en route et marchai toute la journée, sans aucune ferme à l'horizon – il y avait bien quelques maisons isolées qui ponctuaient la campagne çà et là, mais pas une seule ferme. Le soir venu, je m'endormis en pensant à Hal et à Jean, à tous leurs animaux, à la grange douillette et au tas de compost, et lorsque je me réveillai le lendemain matin, toujours tiraillée par la faim et la soif, et les pattes percluses de froid et de douleur, je me remis malgré tout en marche. Je me sentais si fatiguée désormais que peu m'importait de ne plus avancer à couvert des bois, et je me mis à longer ouvertement une route de campagne ; chaque fois qu'un camion ou une voiture passait, je me contentais de faire un pas de côté, mais je ne me cachai plus.

Je voyageai ainsi pendant encore deux jours, me nourrissant d'un écureuil mort que je trouvai sur la route et m'abreuvant dans des eaux stagnantes nauséabondes.

C'est là que tomba la première averse de neige, tard un après-midi, peu avant la nuit qui s'installe toujours prématurément en hiver. Je m'arrêtai de marcher et m'assis lourdement par terre, essoufflée et frissonnante. Il n'y avait qu'une seule maison alentour, blanche avec des volets bleus. Une allée la reliait d'un côté à la route, et un petit chemin courait de l'allée jusqu'à la terrasse de devant; rien ne traînait dans le jardin, et deux des fenêtres de la maison étaient éclairées. Je sentis immédiatement une odeur de nourriture et de feu de bois, dont je pouvais percevoir les volutes sortir par la cheminée du toit.

Je quittai la route et remontai l'allée, laissant derrière moi dans la neige des empreintes pleines de sang, puis contournai la maison et partis inspecter un cabanon que j'avais repéré au fond du jardin. La porte était ouverte.

La pièce était froide mais préservée de l'humidité. Je décidai d'y rester pour la nuit.

Le lendemain matin, en glissant le museau par la porte, je m'aperçus qu'il avait cessé de neiger et m'aventurai à tâtons à l'avant de la maison. J'étais postée sous un massif d'ifs lorsqu'une femme sortit sur la terrasse. J'avais appris à reconnaître les signes de la vieillesse chez les humains, et en voyant ses cheveux blancs, son visage ridé et ses mouvements aussi lents et raides que les miens, je sus qu'elle était âgée ; mais au-delà de ça, la vieille femme avait une expression très douce sur le visage, et un grand sourire. Elle jeta quelques graines aux oiseaux, leva les yeux vers le ciel matinal, puis rentra.

A peine eut-elle refermée la porte que je me jetai sur les graines. J'étais en train de les dévorer goulûment quand soudain la porte s'ouvrit à nouveau, et je m'enfuis sur-le-champ vers le côté de la maison.

— Ça alors, un chien !

J'attendis tout l'après-midi cachée dans le cabanon, puis décidai de retourner manger les graines. Il n'en restait presque plus, aussi je me mis à renifler la neige à la recherche de restes. Une fois encore, la porte s'ouvrit en grinçant. Je relevai la tête.

— Bonjour, le chien !

Je repartis en courant au cabanon. Derrière moi, j'entendais la vieille femme crier: « Eh ! Où vas-tu comme ça ! Tu as faim, tu veux manger ? »

Manger ? Oui, je voulais manger. Je crois que je n'avais jamais eu aussi faim de ma vie.

Le soir venu, bien après la tombée de la nuit, j'étais étendue dans le cabanon quand mon attention fut attirée par un bruit qui provenait de l'arrière de la maison, comme une porte qui se refermait. Je jetai un coup d'œil à l'extérieur : les lumières de la maison clignotaient à l'intérieur, et bientôt la maison fut plongée dans l'obscurité. Je m'avançai sous le porche et vis, posés par terre devant moi, deux bols : l'un rempli d'eau, et l'autre de poulet en sauce avec de la purée. J'engloutis le repas entier en léchant soigneusement le bol et bus ensuite la moitié de l'eau, avant de repartir au cabanon.

Le lendemain matin, j'allais passer la porte du cabanon quand au même moment celle du porche s'ouvrit. Je me figeai sur place : la vieille femme venait de sortir.

— Eh bien, il devait être affamé, le pauvre, fit-elle en voyant les bols vides. Il n'en reste pas une miette !

Elle emporta les bols avec elle et les remit dehors au bout de quelques instants. J'attendis un peu, puis repartis vers le porche ; le bol était à nouveau plein, mais il contenait cette fois de la dinde avec du fromage et du riz. Pour la seconde fois, je vidai entièrement le bol, bus un peu d'eau et me dépêchai de regagner le cabanon.

Il en fut ainsi matin et soir durant plusieurs jours, jusqu'au matin où, après m'être levée tôt et avoir attendu dans le cabanon que la femme remplisse les bols et referme la porte derrière elle, j'étais en train de mâchonner un morceau de steak quand la porte s'ouvrit brusquement. La vieille femme se tenait dans l'embrasure. Je me raidis et reculai d'un pas.

— Oh, bon sang, je t'en prie ! On a passé l'âge toutes les deux ! Viens donc plutôt te mettre au chaud, fit-elle.

Mais je m'enfuis une fois de plus, abandonnant par la même occasion les restes de mon délicieux steak. Je sautai le repas du midi et attendis le couvert de l'obscurité pour aller manger. Toutefois, comme je n'avais aucune envie de sauter le petit déjeuner le lendemain matin (le dîner avait été abondant en steak), j'allai donc malgré tout le lendemain sous le porche de cette inconnue, en plein jour, déguster le bol d'œufs brouillés au bacon qui m'y attendait. Et c'est à ce moment-là que j'entendis la poignée tourner et le grincement de la porte.

Je m'écartai aussitôt du bol.

— Allez, arrête un peu ton cinéma, veux-tu ?

Je me dirigeais déjà vers le cabanon.

— Crois-moi, poursuivit-elle, tu es bien la dernière chose dont j'aie besoin dans ma vie ! Mais ça te ferait du bien de venir à l'intérieur, tu dois mourir de froid dehors !

Je continuai de marcher.

— Ce cabanon n'est pas très chaud, cria-t-elle, pas chaud du tout ! Si tu rentres à l'intérieur, tu pourras t'installer près du feu !

Mais c'était plus fort que moi, je ne pouvais pas.

Puis il y eut ce fameux matin. Le froid était si vif ce matin-là que j'avais perdu toute sensation sous mes pattes. J'étais en train de manger le poulet que l'on m'avait servi, le corps secoué de frissons, quand la femme ouvrit la porte et se mit à m'observer. Et pour la première fois je n'eus pas la force de prendre la fuite. Je restai simplement là, penchée au-dessus de mon bol, grelottant et luttant pour avaler ce que j'avais dans la gueule.

— Mon pauvre vieux toutou, regarde dans quel état tu es, tu trembles comme une feuille ! On voit tes côtes, et tes pattes sont en sang. Allez, viens, s'il te plaît, tu tiens à peine debout.

Je relevai la tête. Elle tenait la porte ouverte et je sentis la chaleur de la maison arriver jusqu'à moi, l'odeur du bois dans la cheminée et des odeurs appétissantes de nourriture. Je baissai les yeux sur mon bol, puis sur mes pauvres pattes gelées, et des tas d'images se bousculèrent dans ma tête : les cris et les coups et la nuit dans le carton chez George et Marcy ; le coussin couvert de poussière dans le garage des Becker ; Matthias, Rachael et le docteur Roth...

Alors, je franchis le pas de la porte et entrai dans la maison de la vieille femme.

Addie

La vieille femme me précéda dans un couloir étroit qui menait à une grande pièce éclairée, où un feu brûlait derrière une grille.

— Allez, maintenant tu t'assois là et tu te réchauffes, fit-elle en me forçant à m'asseoir devant le feu. Je vais te chercher des couvertures.

Je balayai la pièce du regard : il y avait un canapé et des chaises, une table basse avec un pot de fleurs au centre et des cadres accrochés aux murs. Les couleurs et le feu créaient une atmosphère douce et chaude, on se sentait en sécurité.

Je poussai un soupir.

— J'ai entendu, tu sais, fit-elle en entrant dans la pièce, les bras chargés de couvertures. Mais vas-y, tu l'as bien mérité, ce soupir. Tu as vécu beaucoup de choses, n'est-ce pas ? Et aujourd'hui tu es fatiguée.

Elle disposa les couvertures en guise de coussin.

— Ça y est, maintenant tu peux t'y mettre. Allez, viens ! ajouta-t-elle en tapotant les couvertures de la main, et je grimpai.

La vieille femme se releva et se laissa tomber lourdement dans un fauteuil.

— Ouh ! souffla-t-elle. Cela ne me réussit pas de m'accroupir, mes genoux ne sont plus ce qu'ils étaient !

Elle fit une pause, puis reprit :

— Bon, j'imagine qu'il faut que je me présente. Voilà, je m'appelle Susan. Susan McGrath. Je suppose que tu as déjà un nom bien à toi, mais comme je ne le connais pas, je vais donc t'appeler Addie. Sauf si tu t'avères être un garçon, et dans ce cas il faudra que je t'en trouve un autre ! Mais cela fait plusieurs jours maintenant que je t'observe, et mon intuition me dit que tu es une fille. En plus, je trouve que ça te va bien, Addie.

« Bon, comme aujourd'hui tu n'es pas très en forme, je vais t'apporter tes gamelles ici, devant le feu. Et quand ça ira mieux, tu mangeras dans la cuisine avec moi.

Susan se leva lentement et sortit de la pièce en se parlant à elle-même. « Il va falloir que j'appelle le vétérinaire, l'entendis-je dire, pour prendre rendez-vous pour Addie. Mon Dieu, cela doit bien faire trois ans que je n'ai pas appelé là-bas ! Je me demande si Skip y travaille toujours, d'ailleurs. »

Puis la voix de Susan s'éloigna, et j'étirai mes pattes avant pour y poser ma tête. Je fermai les yeux et laissai la chaleur du feu m'envelopper comme un cocon, jusqu'à ce que Susan revienne avec le bol d'eau et la gamelle de poulet qui étaient restés sous le porche.

— Et voilà, Addie ! fit-elle en les posant par terre à côté de moi. Petit déjeuner au lit ce matin !

Je lapai un peu d'eau et finis le poulet.

Susan approcha un petit tabouret à côté du feu et s'assit près de moi.

— Dis, Addie, tu veux bien que je te caresse ? demanda-t-elle. C'est que je ne voudrais pas t'effrayer, ajouta-t-elle en me présentant sa main.

Je reniflai ses doigts quelques secondes, puis la gratifiai d'un bref coup de langue.

— Ah, je vois, tu aimes faire des bisous. Ça me va, fit-elle en me grattant sous le menton, puis en me passant doucement une main dans le dos. Oui, tu es gentille !

La fatigue l'ayant emporté sur la nervosité et la peur, je ne bougeai plus de devant le feu de tout le reste de la journée. Susan se levait de temps à autre pour le remuer ou y ajouter une nouvelle bûche, et chaque fois elle me soufflait à voix basse : « Pardon de te déranger, Addie, c'est juste que je ne veux pas que le feu s'éteigne et que tu aies froid. »

Quand je ne dormais pas, je la suivais des yeux depuis mon coussin : Susan semblait être une personne très occupée. Tout d'abord, elle se prépara à déjeuner et mangea dans le salon, assise dans son fauteuil, m'offrant quelques morceaux de temps en temps.

— Je ne mange jamais ici d'habitude, dit-elle, mais aujourd'hui est une occasion spéciale.

Quand elle eut terminé son repas, elle alla s'installer à son bureau et se mit à écrire, à ouvrir des enveloppes, à en fermer d'autres, puis elle prit une pile de papiers et commença à la trier.

— Pub... Pub... Pub... Ah ! Ça, par contre, il faut que je garde. Encore de la pub... Ça, c'est à garder... Ça, je dois l'envoyer à Betsy... Pub... C'est pas vrai ! s'exclama-t-elle soudain, j'ai oublié d'appeler le vétérinaire !

Susan attrapa le téléphone.

— Bonjour, dit-elle au bout de quelques secondes. Ça fait longtemps qu'on ne s'est pas eu, c'est Susan McGrath à l'appareil. (Elle s'arrêta, semblant écouter) Oui, c'est bien ça... Oui... Voilà, il semblerait que j'aie trouvé un chien vagabond, une vieille chienne, plus précisément. Ou plutôt, c'est elle qui m'a trouvée. Enfin bref, j'aimerais que le docteur Thompson l'examine assez rapidement. Elle n'a probablement besoin de rien d'autre que d'un foyer et de bons repas, mais je voudrais juste m'assurer qu'elle va bien... Demain, vous dites ? Ce sera parfait. Merci, à demain !

Susan raccrocha et se tourna vers moi.

— Addie, tu vas avoir une grosse journée demain, je t'emmène faire quelques courses ! Nous irons d'abord à l'animalerie, il y en a une très bien en ville qui vient d'ouvrir. Et ensuite... eh bien, je ne vais pas te mentir... je t'emmène chez le vétérinaire. Tu verras, Skip, le docteur Thompson, est très gentil. Mon vieux Max l'adorait. Tu verras, Addie, il te donnera un cookie.

Susan rangea les papiers de son bureau et mit son stylo dans un porte-plume, puis elle alla dans le couloir où elle ouvrit la porte d'un placard.

— Bon, où ai-je rangé cette laisse ?

Elle sortit un sac qu'elle se mit à fouiller, puis elle le rangea et en sortit un autre.

— Ah, la voilà !

Je la vis ensuite en tirer plusieurs autres objets : un collier, similaire à celui que j'avais porté chez les Becker, une balle en caoutchouc et une peluche en forme de chat.

— Addie, fit-elle en venant déposer la balle et la peluche sur mes couvertures, tu veux bien que je t'attache ce collier ? Je ne sais pas si tu en as déjà porté un, mais de toute façon il va falloir t'habituer.

Elle m'attacha le collier autour du cou, puis la laisse.

— J'imagine que tu dois avoir une petite envie depuis tout ce temps, reprit-elle. Je sais bien que tu préférerais rester devant le feu mais il faut que je te sorte. Quelques minutes et c'est tout, promis.

Elle tira légèrement sur la laisse et je la laissai me sortir. Susan me promena autour de la maison, et je me soulageai dans le massif d'ifs près de la porte d'entrée.

— Bravo, Addie ! C'est bien, mon chien ! fit-elle lorsque j'eus fini, puis elle m'offrit un biscuit. Voilà une histoire qui commence très bien !

Plus tard dans l'après-midi, j'avais retrouvé ma place devant le feu et Susan était installée dans son fauteuil quand le téléphone sonna.

— Allô ? (Petit silence) Oh ! Bonjour, Mrs Oliver. (Son visage changea subitement, la douceur de ses traits disparut) Oui, je vais très bien, merci de vous en inquiéter… Oui, je sais, il fait très froid aujourd'hui… Non, je n'ai besoin de rien, je vous remercie, je vais en ville demain… Mais non, je ne risque rien, toutes les routes ont été dégagées. Cela fait soixante-six ans que je conduis, vous savez, vous n'étiez même pas née que je conduisais déjà…

Il y eut ensuite un long silence, durant lequel Susan arrangea les coussins du canapé et nettoya des miettes sur la table, avant de faire une grimace au téléphone. Puis soudain, elle s'écria :

— Vendre la maison ! Certainement pas ! Je suis très bien là où je suis. (Il y eut encore un silence) Mais non, je ne m'emporte pas… Tiens, quelqu'un frappe à la porte ! (Je n'avais rien entendu) Je dois aller ouvrir. Au revoir.

Susan raccrocha et se dirigea vers la cuisine en grommelant.

— Non, mais, pour qui se prend-elle cette Oliver ! Ça a la moitié de mon âge et ça se permet de m'appeler « chère Susan » ! Et depuis quand s'occupe-t-on de mes affaires ?

Je l'entendais cogner et taper dans la cuisine, et je me revis immédiatement chez George et Marcy. Mais lorsqu'elle revint, une tasse de thé à la main, Susan s'adressa à moi avec le sourire.

— Excuse-moi de m'être énervée, Addie, cette femme a le don de me mettre hors de moi. Mais tu sais, cela n'a rien à voir avec toi, dit-elle en me tapotant dans le dos.

Nous restâmes assises l'une à côté de l'autre dans le calme de la maison, et je regardai la neige tomber – de l'autre côté de la vitre.

Ce soir-là, Susan me prépara de la dinde avec des petits pois, et l'on mangea de nouveau ensemble près du feu. Sauf que cette fois, elle ne fit rien pour l'empêcher de s'éteindre.

— C'est dangereux de laisser le feu brûler la nuit, fit-elle tandis que les flammes vacillaient et diminuaient progressivement. Mais comme il est hors de question que tu aies froid, tu vas t'installer dans la cuisine, comme ça tu pourras dormir près du radiateur. D'accord ?

Après une ultime sortie – la neige avait cessé de tomber mais il faisait froid et humide, et l'air glacial transformait notre respiration en fumée –, Susan installa effectivement mes couvertures dans la cuisine, et je m'allongeai avec bonheur près du radiateur.

Elle éteignit alors les lumières, d'abord dans la cuisine, puis dans le salon, et je l'entendis chuchoter : « Bonne nuit, Addie, fais de beaux rêves. »

Et cette nuit-là, je n'eus pas froid.

Amies

Je dormis toute la nuit d'un sommeil profond. Certes je me réveillai plusieurs fois sans savoir où j'étais, mais chaque fois que je voyais la cuisine avec le bol d'eau juste à côté de moi, ou que je sentais les odeurs de la maison, tout me revenait en tête et je me rendormais aussitôt.

Tôt le lendemain matin, avant même le lever du soleil, j'entendis Susan qui descendait du premier étage.

— Bonjour, Addie ! appela-t-elle depuis les escaliers, puis je la vis entrer dans la cuisine en peignoir, avec de vieux chaussons usés aux pieds.

Je levai la tête et m'assis.

— Ah ! Je vois que tu te sens mieux, ce matin. Je suis contente. (Elle se baissa pour me caresser puis me gratta sous le menton) Tous les chiens devraient avoir droit à leur gratouillis sous le menton le matin, fit-elle remarquer tout en remontant la main vers ma tête. Je peux te caresser la tête ? Je sais que certains chiens n'aiment pas ça...

Je ne bougeai pas d'un pouce et fermai les yeux.

— Ah, ça, c'est un bon signe ! s'exclama-t-elle, puis elle alla vider mon bol dans l'évier pour le remplir d'eau fraîche. Alors... fit-elle en ouvrant le réfrigérateur, que va-t-on pouvoir manger ce matin ? Je crois que ce sera des œufs brouillés pour moi, et pour toi la viande et le riz qu'il reste de l'autre soir.

Susan nous servit exactement ce qu'elle avait annoncé, et j'eus même droit à un peu de ses œufs. C'était la première fois que je goûtais des œufs brouillés chauds, tout droit sortis de la poêle, et je trouvai ça divin.

— Très bien, fit Susan lorsque nous eûmes terminé, j'espère que tu es prête pour ta grande sortie du jour, Addie !

Toutefois, la « grande sortie du jour » ne démarra pas tout de suite. D'abord, Susan repartit à l'étage où elle resta très longtemps, et à son retour elle avait une tenue différente, et son odeur aussi avait changé.

— Et voilà ! Toute belle ! fit-elle en se tournant vers moi. J'ai beau avoir quatre-vingt-deux ans, je peux encore rivaliser avec les plus belles ! Il n'y a rien de vieux chez moi, sauf mes os !

Susan m'attacha ensuite la laisse et sortit me promener. Quand j'eus terminé, elle s'écria « Oui ! Gentille fille ! » comme à chaque fois, puis elle me donna un cookie.

L'heure arriva enfin de monter dans la voiture, et Susan alla chercher mes couvertures.

— Allez, viens, Addie ! appela-t-elle en ouvrant la portière avant, et je la rejoignis – pourtant, je n'avais pas ma laisse. Max adorait s'asseoir sur le siège avant, juste à côté de moi. Est-ce que tu es déjà montée dans une voiture ? J'espère en tout cas que tu ne vas pas avoir trop peur. Max adorait ça ! Si tu regardes par la fenêtre, tu peux voir des chats ou des écureuils, et même d'autres chiens. C'est vraiment très amusant, tu sais. Max se dressait bien droit sur le siège et regardait devant, je l'appelais mon copilote. (Susan baissa les yeux vers moi) Alors, Addie, prête pour la grande aventure ?

Elle tapota sur les couvertures qu'elle avait arrangées sur le siège.

— Allez, Addie, grimpe ! (Je grimpai péniblement) Bravo ! fit-elle d'un air soulagé, puis elle contourna la voiture pour aller s'installer derrière le volant.

La voiture descendit l'allée puis rejoignit la route. Je regardai la campagne qui défilait par la fenêtre. Au début, elle me parut familière : je reconnaissais les odeurs, la neige, les arbres, les maisons disséminées çà et là ; puis, les habitations furent plus nombreuses, et les odeurs ne m'étaient plus familières. La voiture arriva aux abords d'une ville plus grande que Claremont, et je me redressai sur mon siège, sous l'œil attentif de Susan.

— C'est la ville voisine, Addie, annonça-t-elle tandis qu'elle se garait dans une rue. Hampton. C'est là que je viens faire toutes mes courses. Nous en avons quelques-unes aujourd'hui, tu es prête à y aller ? Bon, premier arrêt, le pressing. Alors, tu restes là, je reviens tout de suite, d'accord ? Si jamais tu t'ennuies, tu peux mâcher ça, si tu veux.

Elle me tendit quelque chose qui ressemblait à un os mais dont je ne reconnus pas l'odeur. Je commençai par lécher l'objet, puis le pris entre mes pattes et me mis à le mordiller.

Susan ne s'absenta que quelques minutes, avant de revenir les bras chargés de vêtements emballés dans du plastique qu'elle déposa dans le coffre.

— Prochain arrêt, le bureau de poste, fit-elle en redémarrant la voiture. Bon sang, Addie, tu n'as pas idée comme c'est bon d'avoir de la compagnie ! Et cet os, il est comment ?

Occupée à mastiquer, j'en oubliai même de regarder le paysage.

Susan s'arrêta devant le bureau de poste où elle entra avec un petit paquet dans la main puis ressortit au bout de quelques instants avec un paquet d'enveloppes à la place. Elle nous conduisit ensuite à ce qu'elle appelait « la banque », puis à « la pharmacie » et enfin à « la boulangerie ».

— Très bien, Addie, fit-elle quand elle fut revenue de la boulangerie, la voiture baignant dans des odeurs de beurre, de pain et de sucre, le prochain arrêt, c'est pour toi ! Je suppose que ce serait plus logique si je te donnais ton cadeau en repartant de la clinique, pour te récompenser, mais ça nous obligerait à faire un grand détour, alors tu auras ton cadeau d'abord.

« Mais écoute-toi, Susan ! Te voilà devenue une vraie pipelette ! Je n'avais pas parlé autant depuis des mois ! C'est absurde, je n'arrête pas de te parler comme si tu pouvais me comprendre ! (Susan posa le bras sur le volant d'un air pensif) Mais peut-être est-ce le cas, qui sait ? Enfin bref... en route pour *Pet Town* !

Elle sortit la voiture du parking, et nous retraversâmes Hampton dans le sens inverse.

— Ça y est, nous y sommes ! s'écria-t-elle au bout d'un moment. Addie, je te présente *Pet Town* ! Le magasin a ouvert il y a peu de temps, on y trouve tout ce qu'il faut pour les animaux. Et... les animaux sont admis à l'intérieur ! Allez, viens, on va te trouver un cadeau !

Susan m'attacha la laisse et nous pénétrâmes dans un immense bâtiment. A peine avions-nous franchi les portes qu'un nombre incalculable d'odeurs vinrent me chatouiller les narines ; je levai la truffe en l'air et me dressai sur mes pattes arrière pour tenter de capter les plus agréables. Susan se mit à rire.

— Il y en a des trucs sympas ici, pas vrai ?

Je n'avais jamais rien reniflé de tel. J'avais bien promené ma truffe près de *The Wagging Tail* à Claremont et d'autres animaleries, mais j'ignorais ce qu'il y avait à l'intérieur. Devant moi se succédaient des rayons entiers d'objets qui m'étaient parfois totalement inconnus, mais dont les odeurs excitaient mes narines – je sus leurs noms plus tard, lorsque je fus retournée plusieurs fois à *Pet Town* : des aliments pour chats et animaux divers (que Susan et moi ignorâmes), de la nourriture pour chiens (en boîtes et en sacs), des jouets pour chiens, des coussins pour chiens, des vêtements pour chiens, etc. Les vêtements ressemblaient aux costumes que portaient les enfants que j'avais vus le soir d'Halloween, et je fus soulagée en entendant Susan me dire qu'elle les trouvait ridicules et que l'on passa devant sans s'arrêter.

— Maintenant, voyons un peu... fit-elle un peu plus loin. Il te faut un panier digne de ce nom pour remplacer ces vieilles couvertures que je t'ai données. Elles vont bien pour la voiture, mais pas pour dormir. Et il nous faut aussi t'acheter à manger. Je sais bien que les œufs brouillés et la viande hachée, c'est bon, mais tu as besoin d'un régime équilibré. Ah, regarde ! C'est ce que Max avait l'habitude de prendre. Tiens, à ce propos, il ne faut pas que j'oublie de parler à Skip des vitamines. Addie ! fit-elle soudain en tournant dans une autre allée. Regarde un peu tous ces jouets !

Susan poussait un caddie qu'elle remplissait au fur et à mesure de produits pris sur les étagères, en même temps qu'elle consultait une liste sortie de son porte-monnaie.

— Bon... le panier, c'est fait... la nourriture, c'est fait... la peluche, c'est fait... les jouets pour mâchouiller, c'est fait... les jouets pour lancer... Ah ! Je ne sais pas si tu as encore l'âge d'aller chercher ce qu'on te lance... Un seul devrait suffire, je pense.

Quand elle eut terminé, Susan avait acheté tellement de choses que quelqu'un dut l'aider à tout porter à la voiture.

— Et maintenant, fit-elle en démarrant, en route pour la clinique ! (Elle consulta sa montre) Nous arriverons pile à l'heure.

Lorsque j'entrai dans le bâtiment, je reconnus immédiatement les odeurs, les mêmes qu'à la clinique du docteur Roth. Je revis Moon étendue sans vie près de moi, mais je me rappelai aussi les mains douces du docteur et de Rachael, si bien que le temps de s'installer dans la salle d'attente, ma nervosité avait disparu. Allongée aux pieds de Susan, je jetai de temps en temps un œil vers elle par-dessus mon épaule, et chaque fois Susan me faisait un sourire et me tapotait dans le dos, en me répétant que j'étais un bon chien.

La salle d'attente était bien chauffée, et comme je me sentais fatiguée, je commençai à somnoler, lorsqu'une jeune femme entra dans la pièce.

— Mrs McGrath ?

— Oui, fit Susan en se levant. Addie, réveille-toi, mon chien, c'est à toi.

Une fois dans la salle d'examen, on me déposa sur une table en métal, et j'attendis jusqu'à ce qu'un homme entre, un bloc-notes à la main.

— Susan, ravi de vous revoir ! Alors, vous me présentez ?

— Bonjour, Skip ! Voilà, cette chienne traîne autour de chez moi depuis un petit moment, et hier j'ai enfin réussi à ce qu'elle accepte d'entrer dans la maison. Elle est adorable, mais comme je ne savais rien sur elle, j'ai préféré vous l'amener.

Le docteur Thompson commença alors à m'examiner ; il était très doux, comme le docteur Roth. Il me fit ouvrir la bouche, me palpa le dos puis le ventre, écouta mon cœur, et regarda attentivement mes pattes.

— Eh bien, fit-il au bout d'un long moment, cette chienne n'est pas en si mauvais état pour un chien errant. Etes-vous sûre de vous ?

— Absolument.

— Parce qu'elle a été opérée, vous savez. On voit la cicatrice sur son ventre. Elle a dû avoir un maître à une époque.

— Je suis sûre qu'elle en aurait des choses à nous raconter ! fit Susan.

— Elle est un peu anémiée et déshydratée, et peut-être un peu trop maigre. Il y a des traces de gale dans les oreilles et de puces – rien de dramatique, cependant – et j'ai remarqué des saignements au niveau des pattes. Je pense qu'elle a les coussinets fissurés. Il va falloir vérifier que des vers ou des parasites ne s'y soient pas installés. Autrement, ses signes vitaux sont bons. (Le docteur Thompson réfléchit un instant) Je dirais que cette chienne a neuf ou dix ans.

— Neuf ou dix ans ! répéta Susan. Si on convertit en âge humain, ça fait presque soixante-six ans !

— Il va aussi falloir la vacciner, reprit le docteur. Et elle a besoin d'un bon bain. Voulez-vous que nous nous chargions de tout ça ? Je veux dire, de lui faire les vaccins, le traitement contre la gale et tout le reste ?

— Oui, s'il vous plaît.

— Ça risque de coûter cher.

— Je sais.

— Dois-je donc comprendre que vous allez la garder ?

— La garder ? Quelle question ! Addie est déjà mon chien !

Cette nuit-là, je dormis près du radiateur dans mon nouveau panier, avec un petit ours en peluche.

Deux vieilles dames

Les journées d'hiver dans la maison de Susan étaient douces et tranquilles. Chaque matin, je me réveillais dans mon panier près du radiateur et attendais, roulée sur ma peluche, d'entendre les pas de Susan dans l'escalier. Quand elle arrivait enfin dans la cuisine, elle me saluait avec des baisers et des caresses et des gratouillis sous le menton, puis elle se mettait à préparer le petit déjeuner : des croquettes pour moi et des œufs sur toast suivis d'un fruit pour elle – mais j'avais toujours droit à une petite part de ses œufs chauds.

Je restais ensuite avec elle tandis qu'elle travaillait à son bureau, cousait ou bricolait dans la maison. Parfois, elle discutait avec quelqu'un au téléphone, ou bien l'une des ses amies passait à la maison et elles prenaient le thé ensemble. Elle n'oubliait jamais de me sortir à horaires réguliers, et chaque fois que j'avais terminé, j'avais mon cookie. Les premiers jours, il m'était arrivé une ou deux fois de faire à l'intérieur, et Susan m'avait mis le nez sur les endroits souillés en disant : « Pas de cookie, Addie ! ». Elle avait ensuite nettoyé à l'aide d'un produit dans une bouteille blanche et j'avais fini par comprendre qu'on ne faisait pas ses besoins à l'intérieur, et aussi que Susan faisait en sorte de me sortir suffisamment souvent pour que je ne sois jamais incommodée.

Quand arrivait le déjeuner, Susan mangeait dans la cuisine en vitesse, mais elle ne me servait plus de gamelle comme au début – si ce n'est un petit morceau de son plat. L'après-midi, nous partions faire des courses en voiture. J'adorais aller à la boulangerie, mais surtout à *Pet Town*, car j'avais le droit d'accompagner Susan à l'intérieur et qu'il y avait toujours quelqu'un là-bas pour m'offrir une friandise.

Le soir, Susan et moi prenions notre repas ensemble dans la cuisine, puis elle allait généralement s'asseoir sur le canapé, avec sa machine à coudre ou un livre, et je m'installais près d'elle, la tête posée sur ses genoux.

Un jour, je m'aperçus que je devais être chez Susan depuis longtemps car je ne faisais plus du tout attention aux changements de la lune, comme j'en avais eu l'habitude en vivant dehors. C'est à peu près à cette période que l'on sonna à la porte un matin.

— Qui cela peut-il bien être ? fit Susan, qui était en train de fouiller dans des cartons qu'elle avait apportés dans le salon. Je n'attends personne ! (Elle se pressa vers la porte d'entrée) Oui ? Qui est-ce ?

— Mrs Oliver !

Susan s'arrêta en plein milieu du couloir. Elle ferma les yeux quelques secondes, puis je l'entendis grommeler « Ah, la barbe ! », avant d'aller ouvrir la porte.

— Bonjour, Mrs Oliver.

— Bonjour, chère Susan !

Une femme corpulente pénétra dans le couloir, ramenant de la neige sous ses chaussures.

— Peut-être pourriez-vous retirer vos bottes ? fit Susan en regardant les traces humides sur la moquette.

— Oh ! Oui, bien sûr ! Il fait un froid glacial dehors. Je ne sais pas comment vous faites pour vivre ici toute seule avec ce froid.

Susan eut l'air perplexe.

— J'ai le chauffage, au cas où vous ne le sauriez pas, répondit-elle.

Les joues de Mrs Oliver s'empourprèrent.

— Je voulais dire, pour dégager votre allée et prendre la voiture...

— Mac s'en charge, comme chaque année, fit Susan. Et puis, de nos jours, ils interviennent rapidement pour dégager les routes. Je n'ai jamais à attendre trop longtemps pour pouvoir sortir.

Mrs Oliver accrocha son manteau dans le placard de l'entrée puis entra dans le salon.

— Eh bien, Susan ! Je vois que vous vous préparez pour Noël ! Mais comment avez-vous fait pour amener tous ces cartons ici ?

— Je les ai *portés*. Vous savez, je peux encore ...

— Dieu du ciel ! Mais qu'est-ce donc que cela ? s'écria soudain Mrs Oliver en me pointant du doigt.

— Un chien.

— Je sais bien que c'est un chien, ma chère. Je voulais dire, que fait-il ici ?

— Il habite ici, et *elle* s'appelle Addie.

— Oh... Susan... (Mrs Oliver semblait très déçue, comme si Susan avait fait une bêtise) Voulez-vous m'expliquer comment vous allez faire avec un chien maintenant ? Et où l'avez-vous trouvée, d'ailleurs ?

— Elle traînait près de la maison, et elle mourait de froid. Mais je l'ai amenée voir Skip, et il l'a trouvée en parfaite santé.

Mrs Oliver semblait ne pas écouter : elle était penchée au-dessus de la moquette sur laquelle elle passait la main.

— Qu'êtes-vous en train de f ...

— Je vérifie juste qu'il n'y ait pas de crottes de puce.

— Des crottes de puce ! (Susan eut un air dégoûté). Addie n'a pas de puces. Elle n'a pas non plus la gale. Ni de teigne. Elle est en parfaite santé. Elle est simplement âgée.

— Tout comme vous, répliqua Mrs Oliver en se redressant. Vraiment, ma chère Susan, comment allez-vous pouvoir vous occuper de ce chien ? Elle est vieille, et trop lourde pour que vous la portiez ! Est-elle dressée, au moins ?

— Bien sûr que oui.

Mrs Oliver renifla ostensiblement.

— Oui, je dois bien reconnaître qu'il n'y a pas de mauvaise odeur dans la maison.

Susan la dévisagea du regard. Mrs Oliver s'approcha du canapé où j'étais confortablement installée.

— C'est vrai, elle a l'air plutôt gentille, finit-elle par dire. Mais vraiment, Susan, avez-vous bien réfléchi ? Cela ne va pas être facile, surtout avec un vieux chien comme elle... Que ferez-vous quand elle ne pourra plus marcher ? Ou quand elle deviendra incontinente ? Si vous voulez mon avis, vous devriez la confier à un refuge qui lui trouvera des maîtres plus jeunes.

Je sentis Susan se raidir.

— Mrs Oliver, Addie est une chienne de bonne compagnie et ...

— Je n'en doute pas.

— Et, de plus... (Susan hésita) De plus... Oh, regardez ! Il neige ! Vous devriez vite rentrer, avant que la route ne soit trop glissante.

Mrs Oliver jeta un coup d'œil par la fenêtre.

— Entendu. Mais je vous en prie, chère Susan, réfléchissez à ce que je vous ai dit.

Susan se planta tout à coup devant Mrs Oliver.

— Je n'en ai nullement l'intention, annonça-t-elle d'un ton ferme. Addie restera ici avec moi.

Puis elle traversa le couloir et tint la porte ouverte pendant que Mrs Oliver enfilait ses bottes et son manteau et sortait sur le perron.

— Passez une bonne ...

Susan claqua la porte.

— Quelle odieuse bonne femme ! s'exclama-t-elle à haute voix en se tournant vers moi, avant de venir me rejoindre sur le canapé. J'espère que tu n'as pas entendu ce qu'elle a dit, ma pauvre Addie, poursuivit-elle en me caressant le museau. Et dans le cas contraire, je peux t'assurer que je n'ai aucune intention de t'amener dans un quelconque refuge. Tu es à moi, et cette maison est la tienne autant que la mienne.

Ce soir-là, Susan me souhaita bonne nuit dans la cuisine comme tous les soirs. Allongée à côté du radiateur, je regardai un moment par la fenêtre de la cuisine. La lune devait être pleine car le jardin était éclairé, et je pouvais voir la couche de neige fraîche sur les branches des arbres. Soudain, sans que j'aie le temps d'y réfléchir, je me levai de mon panier et me dirigeai vers les escaliers. Arrivée en bas des marches, je levai la tête : le deuxième étage semblait bien haut, et je n'avais pas l'habitude des escaliers – bien que j'eusse grimpé ceux-ci une ou deux fois déjà. Je soufflai profondément et commençai à gravir les marches une à une. Je savais où se trouvait la chambre, aussi j'allai directement à la porte laissée entrouverte et la poussai du bout du museau. Je m'assis ensuite sur mes pattes arrière, près du lit, et attendis.

Susan se réveilla. Elle ne paraissait nullement surprise de me voir.

— Bonsoir, jeune demoiselle ! Que faites-vous ici ? Vous devriez être dans votre panier.

Je gardai mon regard posé sur elle durant quelques secondes, puis je pris de l'élan pour sauter. Malheureusement, le lit était trop haut, et je retombai par terre en glissant.

— Oh, Addie…

Susan avait elle aussi du mal à bouger, et c'est d'un geste très lent qu'elle repoussa les couvertures, sortit les jambes du lit et se leva.

— Allez, viens, je te ramène en bas.

Je ne bougeai pas. Susan sourit.

— C'est d'accord, tu as gagné ! fit-elle en ramenant vers moi un petit tabouret pour les pieds. Allez, sers-toi de ça.

Elle m'attira sur le tabouret et plaça mes deux pattes avant sur le lit, et je sautai – Susan m'aidant en me poussant par-derrière. Sitôt sur le lit, je m'engouffrai sans attendre sous les couvertures, tandis que Susan s'allongeait à côté de moi.

Ce fut ma première nuit dans le lit avec Susan, et il en est ainsi tous les soirs depuis.

Un vrai foyer

Je vis avec Susan depuis plusieurs changements de lune maintenant. Chaque matin, nous mangeons ensemble dans la cuisine, et le soir je dors avec elle dans son lit. La journée, nous nous tenons compagnie, et maintenant que l'été est là, elle m'emmène faire de courtes promenades autour de la maison. Il n'y a pas longtemps, nous étions tranquillement installées sur le canapé quand Susan m'a soufflé à l'oreille : « Tu te souviens, Addie, quand je t'ai dit que la dernière chose dont j'avais besoin dans ma vie, c'était d'un chien ? Eh bien, c'était complètement faux. J'ai besoin de toi, et je suis très heureuse de t'avoir à mes côtés. »

Je me suis glissée sur ses genoux, et j'ai poussé un profond soupir.

J'ai longtemps cru que je ne pourrais pas me sentir entière sans Bone. Et quand j'ai compris que je ne le retrouverais pas – ni lui, ni Maman, ni Moon – j'ai décidé que je pouvais exister toute seule.

Puis Susan est arrivée. J'étais convaincue de n'avoir pas plus besoin d'un humain dans ma vie que Susan d'un chien, mais il s'est avéré que j'avais quand même de la place pour un humain dans mon cœur.

Aujourd'hui, les souvenirs des jours anciens avec Maman et Bone dans la remise se brouillent dans ma tête. D'autres souvenirs viennent se superposer : des images de Moon, de mes voyages, de personnes et de maisons, de mes cachettes. Un imbroglio de souvenirs dont seule ressort l'image de Susan.

La tête sous son bras, j'écoute son cœur qui bat. Je ferme les yeux et m'imagine sur la paille dans la brouette, blottie contre Maman, en train d'écouter ses battements de cœur – les premiers que je perçus de ma vie. Je rouvre les yeux et lève la tête vers le visage ridé de Susan. Elle me sourit, et nous restons assises sans bouger.

Deux vieilles dames dans les bras l'une de l'autre.

Achevé d'imprimer par GGP Media GmbH, Pößneck
en avril 2008
pour le compte de France Loisirs,
Paris

N° d'éditeur : 51748
Dépôt légal : septembre 2007

Imprimé en Allemagne